Das Gesetz der Anziehung für Geld erfolgreich anwenden

17 geheime Manifestationstechniken für mehr Reichtum, Erfolg und Fülle

Layla Moon

Inhaltsverzeichnis

Inhaltsverzeichnis

Deine KOSTENLOSEN Geschenke

Um dir auf deinem spirituellen Weg zu helfen, habe ich 4 GRATIS-Bonus-E-Books erstellt.

Du bekommst sofort Zugang, wenn du dich unten für meinen E-Mail-Newsletter anmeldest.

Zusätzlich zu den 4 kostenlosen Büchern erhältst du wöchentlich Tipps, kostenlose Buchverlosungen, Rabatte und vieles mehr.

Alle diese Geschenke sind 100 % kostenlos und ohne jegliche Bedingungen. Du musst keine persönlichen Daten angeben, außer deiner E-Mail-Adresse.

Um deinen Bonus zu erhalten, klicke hier:

https://dreamlifepress.com/four-free-gifts

Oder scannen Sie diesen QR-Code

Geistführer für Anfänger: Wie du den Ruf des Universums hörst und mit deinem Geistführer und deinen Schutzengeln kommunizierst

Geführt von Moon selbst, inspiriert von ihren eigenen Erfahrungen und dem Wissen, das seit Tausenden von Jahren von Hunderten von Generationen weitergegeben wurde, wirst du alles entdecken, was du wissen musst, um;

- Zu verstehen, was der Ruf des Universums ist

- Wie du ihn hörst und verstehst

- Zu wissen, wer und was deine Geistführer und Schutzengel sind

- Lernen, wie du dich mit deinen Führern verbindest, ein Gespräch beginnst und deinen Führern zuhörst

- Wie du deine Träume mit der Hilfe der kosmischen Quelle manifestieren kannst

- Wie du anfängst, das Leben zu leben, das du leben willst

- Und vieles mehr...

Das Gesetz der Anziehung: Verwirkliche deine Wünsche

Erfahre, wie du die unendliche Kraft des Universums anzapfen und alles manifestieren kannst, was du dir im Leben wünschst.

Enthält:

- Gesetz der Anziehung: Verwirkliche deine Wünsche E-Book

- Gesetz der Anziehung Arbeitsbuch

- Cheat Sheets und Checklisten, um sicherzustellen, dass du auf dem richtigen Weg bist

Hoodoo Buch der Zaubersprüche für Anfänger: Einfache und effektive Wurzelarbeit, Beschwörungs- und Schutzzauber für Heilung und Wohlstand

Nutze die Kraft einer der größten Magien. Hoodoo ist eine mächtige Kraft, die ideal ist, um Negativität in Schach zu halten, Positivität in allen Bereichen deines Lebens zu fördern, den Dingen, die du liebst, Schutz zu bieten und letztendlich die Kontrolle über dein Schicksal zu übernehmen.

In diesem Buch wirst du entdecken:

- Wie du mit Hoodoo in deinem täglichen Leben beginnen kannst
- Wie du mit Beschwörungszaubern das Leben manifestieren kannst, das du leben willst
- Wie du mit Schutzzaubern die härtesten Zeiten überstehen kannst
- Wie man den Kreislauf des Unglücks durchbricht und das Glück im Leben fördert
- Wie man mit Hoodoo Wohlstand und finanzielle Stabilität fördert
- Wie man mit Hoodoo-Magie sowohl kurzfristige als auch langfristige Traumata und Probleme heilen kann
- Wie du Flüche entfernst und Schmerzen, Leiden und Negativität aus deinem Leben verbannst
- Und so viel mehr...

Das Buch der Schatten

Eine druckbare PDF-Datei, die dich bei deiner spirituellen Transformation unterstützt.

In diesem Buch findest du:

- Zaubertrank- und Tinkturenzettel

- Log-Seiten für ätherische Öle

- Kräuter - Log-Seiten

- Eine Checkliste für magische Rituale und spirituelle Körperziele

- Arbeitsblätter zum Tarotlesen

- Wöchentlicher Mond- und Planetenzyklus-Tracker

- Und so viel mehr

Hol dir alle Ressourcen KOSTENLOS, indem du auf den folgenden Link klickst

https://dreamlifepress.com/four-free-gifts

Vorwort

Nimm dir einen Moment Zeit für dich und mach es dir gemütlich. Wenn du diese ersten Zeilen liest, hast du dich wahrscheinlich irgendwo bequem hingesetzt, vielleicht auf ein Sofa oder aufs Bett, und du bist bereit, in dieses Buch einzutauchen. Aber du umklammerst nicht deinen Kindle oder blätterst durch Seiten, um den nächsten *Harry Potter* oder *Me Before You* zu lesen.

Du bist hier, weil du dein Leben verändern willst und du bist auch bereit, diese Veränderungen zu beginnen.

Der Grund, warum du dieses Buch in die Hand genommen hast, und vielleicht auch viele andere Bücher dieser Art in der Vergangenheit, ist, dass es etwas an dir oder in deinem Leben gibt, mit dem du nicht zufrieden bist. Ich möchte, dass du diesen Moment nutzt, um herauszufinden, was es ist.

Vielleicht weißt du es schon. Du hast nicht genug Geld, bist verschuldet oder verdienst einfach nicht genug, um das Leben zu führen, das du dir wünschst. Vielleicht ist deine Beziehung zu den Menschen, die du liebst, in eine schwierige Phase geraten und du möchtest herausfinden, wie du friedlichere, erfüllendere und bedeutungsvollere Beziehungen aufbauen kannst. Deine Probleme können alles Mögliche sein, von deiner Gesundheit und deinem Wohlbefinden bis hin zu deiner geistigen Einstellung, deiner Familie oder deiner Karriere. Wahrscheinlich ist es ein Gewirr aus verschiedenen Dingen.

Dieses Buch enthält die Antworten. Dieses Buch enthält die Anleitung, die dir hilft, diese Probleme zu lösen. In den folgenden Kapiteln lernst du die Strategien und Techniken kennen, die du anwenden kannst, um das Leben zu manifestieren, das du leben willst. Die Realität, in der du jeden Tag aufwachen wirst. Die Realität, in der du bisher jeden einzelnen Tag deines Lebens aufgewacht bist.

Und das alles, indem du dich auf einen einzigen Aspekt deines Lebens fokussierst.

Deinen Erfolg.

Auf dieser Reise werden wir die einzelnen Elemente der 17 Techniken erkunden, die im Verlauf des Buches in drei Kernbereiche untergliedert werden: Reichtum. Erfolg. Überfluss.

Wenn es dir gelingt, diese drei Dinge zu manifestieren und in dein Leben anzuziehen, kannst du dir ganz neue Möglichkeiten erschließen, das Leben zu leben, das du willst. Wir können die Tatsache nicht ändern, dass die Welt auf Geld angewiesen ist; du musst Rechnungen bezahlen, ein Haus oder einen Job haben. Das ist die kollektiv manifestierte Realität der gesamten Menschheit, die Tausende von Jahren zurückreicht.

Aber das ist nicht das, worauf wir uns heute konzentrieren. Heute konzentrieren wir uns auf dich und deine Realität.

Du bist mehr als fähig, das Leben zu leben, das du willst. Du darfst genug Geld haben, um in deinem Traumhaus zu leben, um deine Familie so zu unterstützen, wie du es möchtest, um ein Auto zu haben, um dir Reisen zu leisten und um die Dinge zu haben, die du dir wünschst. Du darfst Zeit haben, um an deinen Geschäftsideen zu arbeiten, an deinen leidenschaftlichen Projekten, oder um in deiner Karriere einen Punkt zu erreichen, an dem du dich erfüllt fühlst.

All diese Dinge sind zum Greifen nah, nur ein paar Schritte von dir entfernt, und genau diese Schritte werden wir in diesem Buch erkunden. Diese Schritte beruhen jedoch auf einem grundlegenden Gesetz, das alles in unserem Universum und in unserer Realität bis hinunter zur atomaren Ebene regelt.

Das Gesetz der Anziehung

Das Gesetz der Anziehung ist eines der mächtigsten Gesetze im

Universum. Einfach ausgedrückt, besagt das Gesetz: "Gleiches zieht Gleiches an". Aber wenn du dieses Gesetz auf dein eigenes Leben überträgst, kann es dein Leben in einer nachhaltigen und bedeutungsvollen Weise verändern.

Das Gesetz besagt, dass das, worauf wir uns fokussieren, sich ausdehnt und zu uns zurückkommt. Im Grunde spiegeln dein Leben und deine Realität wider, was in deinem Kopf vor sich geht, welche Gedanken du hast und welche Energie und Perspektive du in die Welt aussendest.

Oberflächlich betrachtet ist dieses Konzept sehr einfach zu verstehen und in deinem Leben anzuwenden. Wenn du dich mit toxischen, negativen Menschen umgibst, wirst du die gleiche Energie transportieren. Ein bekanntes psychologisches Sprichwort besagt: "Du bist der Durchschnitt der fünf Menschen, mit denen du dich am meisten umgibst", denn du übernimmst ihre Eigenschaften und reflektierst dadurch die gleiche Energie.

Egal, was du glaubst, wenn du mit Menschen zusammen bist, die nicht dieselben Werte teilen wie du, kommt ihr vielleicht gut miteinander aus, aber ihr werdet wahrscheinlich nicht eure ganze Zeit miteinander verbringen. Als ich aufwuchs, war ich zum Beispiel mit einem Jungen namens David befreundet, aber als wir älter wurden, in unseren späten Teenagerjahren, haben wir uns auseinandergelebt. Wir waren immer noch befreundet und trafen uns manchmal, aber er war drogenabhängig geworden.

Während der häufige Konsum von Drogen nicht zu meinen Werten gehört, war es einer seiner Werte (aus einer Reihe von Gründen), und er umgab sich mit Menschen, die dieselben Ideen teilten. Natürlich ist es keine gute Idee, häufig Drogen zu nehmen, denn das führt auf einen gefährlichen und giftigen Pfad, und genau das ist passiert. Er geriet in eine schwierige Phase, in der er seiner Familie Geld stahl, die Menschen, die er liebte und die ihn liebten, belog und schließlich mit einer Überdosis ins Krankenhaus eingeliefert wurde.

Es ist eine traurige Geschichte, und zum Glück hat er im Laufe der Jahre Schritte unternommen, um einen anderen Weg einzuschlagen, aber es ist klar, wie er sich überhaupt in diese Lage gebracht hat. Wenn du dich in einem negativen Umfeld befindest und negative Energie in die Welt hinausgibst, ist es das, was du zurückbekommst. Trotz seiner verzweifelten Lage hatte er in jeder Phase seines Weges die Wahl, wie er in seinem Leben weiter machen würde. Mittlerweile bestätigt er diesen Umstand und ich bin mir sicher, dies ist ein Punkt, der uns alle betifft.

Angenommen, du schaust acht Stunden am Tag eine Nachrichtensendung, in der es um die Probleme der COVID-19-Pandemie, den Krieg in der Ukraine und korrupte Polizisten geht, und lässt dich auf viele Diskussionen ein, in denen beschrieben wird, wie schrecklich die Menschen sind und in welch schlechtem Zustand sich die Welt derzeit befindet. Mit der Zeit wirst du ein sehr unglückliches Leben haben, weil du glaubst, dass alles negativ ist, die Welt in einem schrecklichen Zustand ist und die Welt, in der wir leben, ein schrecklicher Ort ist. Vielleicht hast du das schon einmal gespürt, nachdem du zu viele Nachrichten oder soziale Medieninhalte konsumiert hast.

Ja, das sind alles wichtige Themen, über die wir Bescheid wissen sollten, aber wenn du dich intensiv mit ihnen auseinandersetzt, wird sich das drastisch auf deine Psyche auswirken. Du hast dieses Phänomen vielleicht schon am Arbeitsplatz erlebt, wenn über andere Kollegen getratscht wird. Du gerätst in eine Art surreale Angstfalle, in der du niemandem in deiner Umgebung vertraust, weil du Angst hast, dass über dich gelästert wird. Und deshalb tratschst du noch mehr und projizierst so deine eigenen Unsicherheiten auf andere Personen. Das ist ein toxischer Kreislauf, der sich letztendlich auch auf jeden anderen Aspekt deines Lebens auswirken wird.

Du wachst auf und hasst die Vorstellung zur Arbeit zu gehen. Du bist in höchstem Maß unzufrieden während deiner Arbeitswoche und projizierst das auf deinen Partner, sodass ihr anfangt zu streiten. Du suchst nach Wegen, um dich besser zu fühlen und fängst an, dir materielle Dinge zu gönnen und Geld auszugeben, obwohl deine finanzielle Situation immer angespannter wird.

In der Zwischenzeit sind alle Ziele und Träume, die du dir im

Laufe deines Lebens erfüllen wolltest, in den Hintergrund getreten, und jetzt ärgerst du dich über dich selbst, weil du nicht das Leben lebst, das du dir wünschst, und das führt nur dazu, dass du deinen Job und deine Lebensumstände noch mehr hasst und der Kreislauf außer Kontrolle gerät. Ehe du dich versiehst, erbringst du keine guten Leistungen mehr bei der Arbeit und dein Job ist in Gefahr. Dein Partner will nicht mehr mit dir zusammen sein. Deine Bewältigungsmechanismen kosten dich dein Geld und deine Gesundheit.

Natürlich sind das nur Beispiele, aber sie zeigen die einfache, aber lebensverändernde Kraft der Energie, die du in das Universum aussendest. Diese Beispiele zeigen jedoch auch, dass deine Handlungen und Entscheidungen gedankenlos ablaufen. Du bist dir dessen nicht bewusst. Du reagierst einfach auf deine Gefühle, ohne dir die Zeit zu nehmen, darüber nachzudenken, was du eigentlich tust.

David schürte seine Drogensucht aufgrund seines körperlichen und geistigen Verlangens. Er dachte nicht daran, was als Nächstes kommen würde. Wir wissen, dass es falsch ist, unsere liebsten und nächsten Menschen zu bestehlen, aber trotzdem tun Menschen so etwas. Du weißt, dass es falsch ist, deinen Partner anzuschreien und zu beschimpfen, aber es passiert trotzdem manchmal. Und rate mal was passiert, wenn du diese negative Energie aussendest. Dein Partner wird dich nicht besonders mögen und du bekommst die negative Energie zurück.

Sich das Gesetz der Anziehung zu eigen zu machen, bedeutet, die Kontrolle zu übernehmen.

Wenn du anfängst, dieses Gesetz auf bestimmte Aspekte deines Lebens anzuwenden, z. B. auf deinen Reichtum und deinen Erfolg, kannst du wirklich anfangen, die Art von Realität zu manifestieren, die du dir wünschst. Wenn du diese Bereiche in Angriff nimmst, wird sich das auch auf den Rest deines Lebens auswirken: auf deine Zufriedenheit, dein Wohlbefinden, deine Beziehungen und deine Erfüllung in der Liebe.

Das Gesetz der Anziehung ist kein neuzeitlicher Quatsch. Es ist ein echtes, bewährtes Gesetz, auf das sich einige der größten Denker der Menschheitsgeschichte und einige der erfolgreichsten und reichsten Menschen der Welt berufen. Die Konzepte, die dem Gesetz der Anziehung zugrunde liegen, wurden von Wissenschaftlern und Forschern auf der ganzen Welt und über Jahrzehnte hinweg nachgewiesen.

Natürlich geht es beim Gesetz der Anziehung nicht nur darum, Geld zu manifestieren. Du kannst es nutzen, um jeden deiner Wünsche zu manifestieren, aber in diesem Buch geht es vor allem um finanziellen Reichtum. Um mit dem Gesetz der Anziehung Geld zu manifestieren, musst du wissen, wie du die Prinzipien des Gesetzes speziell auf Geld anwenden kannst. Du musst herausfinden und verstehen, wie du denkst; du musst bestimmen, welche Energie du aussendest und damit auch welche Energie du zurückbekommst.

Aber wir wollen nicht zu weit vorpreschen. Wir gehen Schritt für Schritt vor und schlüsseln es nach und nach auf. In diesem Buch werde ich dir 17 geheime Techniken beibringen, die dir helfen werden, schnell Reichtum, Erfolg und Fülle anzuziehen.

Aber zuerst möchte ich dir erzählen, wie diese Reise für mich verlaufen ist.

Meine eigene Reise

Vor ein paar Jahren steckte ich in einem Trott. Finanziell war ich noch nie in einer schlechteren Lage.

Nachdem ich jahrelang in einem Unternehmen gearbeitet hatte, in dem ich mich buchstäblich unwohl fühlte, baute ich mein Selbstvertrauen auf und wagte schließlich den Sprung in die Selbstständigkeit. Ich habe alles dafür gegeben. Meine ganze Zuversicht und meine Ersparnisse. Ich verließ meine missbräuchliche Beziehung, um mich wirklich auf mich zu konzentrieren und meinem Traum von der Unabhängigkeit zu folgen. Ich erzählte es allen und war so aufgeregt. Verängstigt, aber aufgeregt, dieses neue Kapitel zu beginnen.

Und es ist gescheitert.

Obwohl ich alles investierte, was ich hatte, um es zum Laufen zu bringen, sollte es einfach nicht sein. Vielleicht war die derzeitige wirtschaftliche Situation dafür verantwortlich (zur gleichen Zeit gab es einen Wirtschaftscrash, dem ich nicht genug Aufmerksamkeit geschenkt hatte), oder ich hatte einfach den falschen Ansatz gewählt. Ich hatte nicht die richtigen Schritte zur richtigen Zeit unternommen oder ich wusste nicht, was ich tun sollte.

Ich war enttäuscht und fühlte mich wie ein totaler Versager, musste aber gleichzeitig mein Leber wieder aufbauen. Nach einer kurzen Trauerphase, in der ich in die Wohnung eines Freundes einziehen musste, weil ich mir die Miete nicht mehr leisten konnte, zog ich Bilanz, wo ich stand im Leben.

Ich hatte eine Menge Schulden und kein Geld, um sie abzuzahlen. Ich hatte zwei Jobs, aber das reichte weder, um die Kosten zu decken, noch um mich wieder auf die Beine zu bringen. Ich war gestresst und unglücklich.

Ich hatte alles verkauft, was ich besaß, einschließlich meines Autos, zog aus meiner Wohnung aus und schlief auf den Sofas von Freunden. Ich schämte mich für meine Situation. Ich lieh mir Geld von Freunden, um andere Freunde und Familienangehörige zu bezahlen, und ich steckte in dieser Schleife aus Verdienen und Abbezahlen von Schulden fest.

Obwohl meine Situation so trostlos erschien, wurde ich von dem Bedürfnis geplagt, dieser Realität zu entkommen, und ich versuchte alles, was ich konnte, um etwas zu verändern. Meine psychische Gesundheit und mein Selbstwertgefühl waren auf einem absoluten Tiefpunkt. Ich probierte verschiedene Sparstrategien aus, wechselte mehrmals den Job, versuchte es mit Geldmanagementtechniken, Bullet Journaling, Apps und eine Freundin organisierte eine kostenlose Beratung bei ihrem befreundeten Finanzberater. Aber nichts schien zu funktionieren.

Dann wurde ich eines Tages mit dem Gesetz der Anziehung bekannt gemacht. Ich traf mich mit einem Freund, der *The Secret* las, und das löste etwas in mir aus. Das war nichts Neues für mich. Meine Großmutter mütterlicherseits nutzte das Gesetz der Anziehung jeden Tag, und als ich aufwuchs, sah ich sie regelmäßig meditieren, Tagebuch führen oder Ansichtstafeln mit Gedankengängen anfertigen, aber ich schenkte dem kaum Beachtung.

Die Idee war durch meinen Freund und die Online-Artikel und Podcasts, in die ich mich vertiefte, in mein Leben zurückgekehrt, und ich spürte wie die Veränderung weiterging. Ich ging tiefer. Ich las mehr Bücher, schaute mehr Videos und hörte mehr Podcasts. Ich lernte die Prinzipien der Schwingung sowohl auf spiritueller als auch auf wissenschaftlicher Ebene kennen und während mein Wissen und Verständnis des Gesetzes wuchsen, begann ich, die Lehren Stück für Stück auf mein eigenes Leben anzuwenden.

Ich hatte zwar eine Menge in meinem Leben zu klären, aber

mein Hauptaugenmerk lag zunächst auf meiner finanziellen Situation. Es bestand kein Zweifel, dass dies der Bereich in meinem Leben war, der den meisten Stress verursachte, und ich wusste, dass ich mich auf alles andere konzentrieren konnte, sobald ich das in Ordnung gebracht hatte.

Ich könnte zum Beispiel in ein Fitnessstudio gehen, um meine körperliche Gesundheit zu verbessern, und einen Therapeuten für meine geistige Gesundheit aufsuchen. Ich könnte mir eine Wohnung besorgen, um meine Unabhängigkeit wiederherzustellen, und ein Auto, um mir Zugang zu den Berufen zu verschaffen, die ich wollte. Und so begann ich, mich auf meine Wünsche nach Geld und Reichtum zu konzentrieren. Ich stellte mir eine Situation vor, in der ich viel Geld besaß. Ich konzentrierte mich auf das Gefühl, genug Geld zu haben, und wiederholte Affirmationen wie "Ich bin reich", "Ich bin wohlhabend" und "Ich bin Reichtum", jeden Tag.

Ich sagte mir, dass Geld leicht und mühelos zu mir kommt und dass ich immer mehr als genug Geld habe, und wandte andere Techniken an, die ich ausprobierte und anpasste. Diese Techniken bedurften einiger Versuche, aber schließlich, und in manchen Fällen sogar schon nach ein paar Tagen, spürte ich eine Veränderung meines Wesens und meiner Perspektive. Mein Leben begann sich wirklich zu verändern.

Im Laufe eines Jahres zahlte ich alle meine Schulden ab, aber das war noch nicht alles. Ich konnte auch meine Ersparnisse aufstocken und einen Job finden, mit dem ich zufrieden war und der mich gut bezahlte, so dass ich mir eine Wohnung, ein Auto und die Dinge leisten konnte, die ich mir anfangs gewünscht hatte.

Ich behaupte nicht, dass es einfach war. Es war eine Reise. Es gab Höhen, Tiefen und harte Zeiten. Es gab Zeiten, in denen ich beim Klettern ausrutschte, aber die Techniken halfen mir, meinen Halt zu finden und relativ leicht weiterzugehen.

Seit einigen Jahren wende ich das Gesetz der Anziehung täglich in meinem Leben an, um meine Realität so zu gestalten, wie ich es möchte. Im Laufe der Jahre entdeckte ich meine Leidenschaft für das Schreiben und die Kreativität - eine Karriere, die ich mit denselben Techniken verwirklichte. Das Gleiche gilt für meine Beziehungen - beruflich, privat und in der Liebe.

Meine Überzeugungen in Bezug auf materielle Objekte und die Art und Weise, wie ich bewusste Entscheidungen treffe, wurden alle vom Gesetz der Anziehung beeinflusst.

Das sind die Techniken und Erfahrungen, die ich mit dir teilen werde und die auch für dich funktionieren können. Fangen wir also an, indem wir zunächst einen detaillierten Blick darauf werfen, was das Gesetz der Anziehung eigentlich ist und wie es funktioniert.

KAPITEL 1

Erste Schritte

Lebe, als würdest du morgen sterben; lerne, als würdest du ewig leben.

- Mahatma Gandhi

Das Gesetz der Anziehung ist bei verschiedenen Menschen unter verschiedenen Bezeichnungen bekannt. Für manche ist es das Gesetz der Schwingung. Für andere ist es das Gesetz der Fokussierung. Aber sie alle sprechen von derselben Sache. Wir halten uns an das Gesetz der Anziehung, da dies der gängigste Begriff ist.

Um das Gesetz der Anziehung in deinem eigenen Leben anzuwenden, musst du zunächst verstehen, wie es funktioniert. Lehren bedeutet, zu zeigen, was möglich ist. Lernen heißt, es für dich selbst möglich zu machen. Nimm also auf, was ich dir sage, aber ich empfehle dir auch dringend, jedes Konzept selbst zu erforschen, damit du die Chancen erhöhst, dass es wirklich Sinn für dich ergibt. Aber keine Sorge, ich werde dich auf deinem Weg begleiten.

Beginnen wir mit den fünf Grundprinzipien des Gesetzes der Anziehung:

1. Gedanken und Gefühle erzeugen Schwingungen, die ähnliche Schwingungen anziehen. Gleiches zieht Gleiches an.

2. Das, worauf wir uns konzentrieren, erweitert sich.

3. Wir ziehen die Dinge an, die der Frequenz unserer Schwingungen entsprechen.

4. Unsere Gedanken und Gefühle erschaffen unsere Realität.

5. Du kannst das Gesetz der Anziehung nutzen, um jede Art von Wunsch zu manifestieren, den du hast.

Das Gesetz der Anziehung ist also keine Magie, sondern beruht auf dem Gesetz der Schwingung, das von Wissenschaftlern und Forschern auf der ganzen Welt nachgewiesen wurde, weshalb die beiden Begriffe auch häufig synonym verwendet werden.

Richtiger ist jedoch, dass das Gesetz der Anziehung an zweiter Stelle steht und das Gesetz der Schwingung das erste universelle Gesetz ist.

Einführung in das Gesetz der Schwingung

Mit den Worten von Bob Proctor: "Wir leben in einem Ozean

der Bewegung".

Jeder, auch dieses Buch, spricht vom Gesetz der Anziehung und wie man es nutzen kann, um das Leben zu manifestieren, das man sich schon immer gewünscht hat. Aber in Wahrheit ist das Gesetz der Anziehung lediglich der allumfassende Begriff für Manifestation und Anziehung. Seine Funktion beruht auf dem Gesetz der Schwingung.

Dr. Lipton, ein Zellbiologe, der sein Leben dem Verständnis der Funktionsweise von Zellen gewidmet hat, ist einer der bekanntesten Wissenschaftler, der das Prinzip der Schwingung erforscht hat. Er hat herausgefunden, dass das Verhalten von Zellen von ihrer Umgebung gesteuert wird, also auch von den Gedanken und Gefühlen der Person, die sie beobachtet.

Diese bahnbrechende Entdeckung hat dazu beigetragen, die Theorie zu untermauern, dass das Gesetz der Anziehung auf einer wissenschaftlichen Grundlage basiert. Wenn wir positive Gedanken denken und positive Gefühle empfinden, versetzen wir uns in eine Schwingung, die mit unseren Wünschen in Einklang steht. Und wenn wir diese positive Schwingung beibehalten, ist es wahrscheinlicher, dass wir das, was wir wollen, in unser Leben ziehen.

Alles im Universum, von jeder Galaxie und jedem Planeten bis hin zu jedem Atom, ist ständig in Bewegung. Diese Bewegung ist Vibration, und alles schwingt in einer bestimmten Frequenz.

Das kann man bei Schallwellen beobachten. Ein Tiefbass ist eine tieffrequente Schallwelle, und wenn du sie aus einem offenen Lautsprecher abspielst, siehst du, wie die Lautsprechermembranen vibrieren.

Das Gesetz der Schwingung gilt für alles.

Stell dir einen Raum in einem Gemeindezentrum vor. Du könntest jede Art von Veranstaltung in diesem Raum abhalten und während der Raum derselbe bleibt, kann die Schwingung unterschiedlich sein. Wenn du zum Beispiel eine Geburtstagsüberraschung veranstaltest, wird sich der Raum vom ersten Moment an elektrisch anfühlen, deine Stimmung heben und dich lebendig fühlen lassen.

Wenn du hingegen denselben Raum betrittst und eine Trauerfeier stattfindet, sind die Schwingungen niedrig und ernst. Du musst nicht einmal Teil der Veranstaltung sein, um die Energie zu spüren. Daher kommt auch der traditionelle Hippie-Begriff "Vibe". Du kannst den "Vibe" oder die Schwingungen einer Situation spüren, wo auch immer du bist.

Angenommen, du betrittst einen Partyraum und spürst die elektrische Schwingung. Dann synchronisiert sich deine Schwingung mit der Schwingung des Raumes und du kannst tanzen, lachen und dich mit den Leuten amüsieren. Du manifestierst damit Glück und Positivität.

Als Verkäuferin oder Verkäufer ist es deine Aufgabe, dich mit potenziellen Kundinnen und Kunden zusammenzusetzen und mit ihnen ins Gespräch zu kommen. Mit deinen Fähigkeiten stellst du dich auf die Frequenz oder "den Vibe" deines Gegenübers ein, indem du ihm Fragen stellst und seine Körpersprache liest. Anhand dieser Informationen versuchst du, dich auf die Frequenz deines Gegenübers einzustellen, indem du dich auf dessen Wünsche und Bedürfnisse einstellst und so dein Produkt oder deine Dienstleistung bestmöglich verkaufst.

Das ist der gleiche Grund, warum du dich in der Nähe mancher Menschen unwohl fühlst. Wenn du sehr gute Laune hast (eine hochfrequente Schwingung aussendest), aber von negativen Menschen umgeben bist, die schlechte Laune haben, fühlst du dich fehl am Platz, isoliert und hast das Gefühl, dass etwas nicht stimmt. Das liegt daran, dass die Frequenz deiner Schwingungen und die der anderen nicht übereinstimmen und du den Unterschied spürst. Wenn du dich zu lange in der Nähe dieser negativen Schwingungen aufhältst und sie die Hauptschwingung im Raum sind, werden sich deine Schwingungen langsam (oder manchmal auch sehr schnell) an ihre angleichen und du wirst das Gleiche fühlen.

Wie auch immer die Situation aussieht, es ist wichtig, sich daran zu erinnern, dass man diese Schwingungen nicht anfassen oder sehen kann. Du kannst sie aber spüren und du kannst auf sie reagieren.

Wie du siehst, ist es ein einfaches Konzept, aber die Konsequenzen können weitreichend sein. In Verbindung mit dem Gesetz der Anziehung liegt die wahre Kraft dieser Konzepte darin, dass du die Schwingungen in deinem Leben kontrollieren kannst. Bewusst und achtsam kannst du das Leben manifestieren, das du leben möchtest.

Das Gesetz der Anziehung nutzen

Mit dem Gesetz der Schwingung kannst du die Kunst des Gesetzes der Anziehung meistern, indem du buchstäblich die Frequenzen kontrollierst, in denen du und das Universum um dich herum schwingen. Das bedeutet, dass du deine Träume und Wünsche manifestieren kannst. Das ist es, was es bedeutet, deine Realität zu manifestieren.

Beim Gesetz der Anziehung geht es darum, die richtige Schwingung zu verkörpern, um deine Wünsche zu manifestieren.

Lass dich nicht täuschen. In diesem Buch geht es nicht um positives Denken oder darum, mit all deiner Willenskraft auf das Beste zu hoffen. Sicher, positives Denken und der Glaube an dein Handeln und deine Wünsche sind ein Teil des Prozesses, aber das ist nicht alles. Es geht darum, deine Gedanken und Handlungen bewusst zu steuern und zu kontrollieren, um die

Realität zu manifestieren, die du dir errichten willst, um deine Wünsche zu erfüllen und um das Leben zu leben, das du dir wünschst.

Hier geht es darum, alles zu verändern. Die schockierende Wahrheit ist, dass das Gesetz der Anziehung die ganze Zeit wirkt. In diesem Moment sendet dein ganzes Wesen, deine Gedanken, Gefühle und Handlungen eine Schwingungsfrequenz in das Universum und diese Energie kommt zu dir zurück.

Diese Veränderung wird dir widerfahren, unabhängig davon, ob du die Kontrolle darüber hast oder nicht. Das Gesetz der Anziehung wird sich auf dein Leben auswirken, ob du es nun kennst oder daran glaubst oder nicht. Denke über dein Leben vor zehn Jahren nach und wo du jetzt bist.

Mit dem Gesetz der Anziehung kannst du tatsächlich mehrere Dinge tun. Ich habe bereits über die Manifestation deiner Realität gesprochen. Wenn du die gleiche Freude erleben willst, die du in einer positiven Situation empfinden würdest, musst du deine Schwingung auf diese Frequenz anheben. Wenn du eine erfüllende Beziehung willst, musst du deine Schwingung auf die Erfahrung einer erfüllenden Beziehung anheben.

Wenn du in allem, was du tust, Reichtum und Erfolg anziehen willst, musst du deine Schwingung so anheben, dass du dich wohlhabend und erfolgreich fühlst. Hierzu gibt es zahlreiche

Möglichkeiten. Diese werden wir im Laufe des Buches erkunden.

Wenn du dich also auf etwas mit starker emotionaler Energie konzentrierst, wirst du anfangen, in der gleichen Frequenz zu schwingen wie diese Sache.

Eine Anmerkung, bevor wir beginnen

Obwohl diese Techniken des Gesetzes der Anziehung auf alle möglichen Aspekte deines Lebens angewendet werden können, wird sich dieses Buch auf drei Hauptaspekte deines Lebens konzentrieren: Reichtum, Erfolg und Fülle. Um sie zu manifestieren und mit ihnen zu arbeiten, müssen wir uns erst einmal damit beschäftigen, was sie sind und wie sie definiert werden.

Was ist Reichtum?

Reichtum ist eines der interessantesten Konzepte der Menschheit. Sicher, die einfachste Definition, die einem vielleicht in den Sinn kommt, ist, dass es sich um die Fähigkeit handelt, ein Einkommen zu erzielen, das die eigenen Ausgaben übersteigt. Die allgemeine Definition von "wohlhabend" ist jemand, der viel Geld auf seinem Bankkonto hat und für den Geld im täglichen Leben keine Rolle spielt. Es ist kein stressiger Lebensfaktor, wie es bei jemandem, der von Gehaltsscheck zu Gehaltsscheck lebt, der Fall wäre.

In Wirklichkeit ist Reichtum jedoch wesentlich vielfältiger als nur das. Du kannst zwar mit Geld reich werden, aber auch mit der Freiheit, die dir das Geld gibt. Wenn du dir keine Sorgen darüber machst, wie du deine Rechnungen bezahlen sollst, kannst du dich anderen Dingen widmen, die dir wichtig sind, wie zum Beispiel deiner Leidenschaft zu folgen oder deiner Gemeinde zu helfen.

Reichtum hat nicht nur mit Geld zu tun. Du kannst auch in deiner Gesundheit, deiner Familie und deinen Beziehungen reich sein. Du kannst reich sein in der Liebe oder in Erfahrungen. Du kannst eine Form von Reichtum im Schreiben oder in deiner Kreativität finden. Worin du wohlhabend sein kannst, hängt von dir als Person ab und davon, was dir wichtig ist. Deshalb kann die Definition von Reichtum von Person zu Person unterschiedlich sein.

Ich sage nicht, dass es schlecht ist, finanziell wohlhabend zu sein. Auch hier gilt: Finanziell stabil zu sein, bringt Freiheit. Wenn du dich um deine Familie kümmern willst, brauchst du Geld. Wenn du reisen oder ein Unternehmen gründen willst, brauchst du Geld. Aber beim Wohlstand geht es nicht nur um Geld. Deshalb ist es wichtig, dass du dich von dieser

Vorstellung nicht abschrecken lässt. Fange stattdessen an, neu zu definieren, was Reichtum für dich bedeutet.

Ja, vielleicht glaubst du nicht, dass das Leben in der kapitalistischen Welt, in der wir uns befinden, eine gute Sache ist. Du denkst vielleicht, dass die Reichen der Fluch der Welt sind, und du glaubst vielleicht, dass Konsum, Fast Fashion, Ausbeutungsbetriebe in östlichen Ländern und die Wegwerfkultur, die die Welt durchdrungen hat, etwas Negatives sind, aber das alles hat nichts mit der Idee zu tun, "wohlhabend" zu sein. Es geht bei den genannten Beispielen jedoch vielmehr um die Werte der Menschen, ihre Ansichten und ihr Streben nach materiellem Besitz, nach kurzfristiger, schneller Bestätigung und dem Wunsch nach Status in jeder Form. Es ist nicht unbedingt das Geld, das das Problem ist. Es sind die Ansichten und Perspektiven der Menschen, die es haben.

Wenn du etwas Gutes tun willst, sei es die Rettung von Tieren, die medizinische Versorgung von Familien in kriegsgeplagten Ländern oder die Behandlung von Krebs, brauchst du Geld, um das zu erreichen.

Es gibt ein berühmtes Video, in dem der Tierschützer und Fernsehmoderator Steve Irwin über dieses Thema spricht.

"Was nutzen mir ein schnelles Auto, ein protziges Haus und eine vergoldete Toilette? Überhaupt nichts. Ich wurde auf diesen Planeten geschickt, um Wildtiere und Wildnisgebiete zu schützen. Das hilft im Wesentlichen der

Menschheit. Ich möchte die reinsten Ozeane haben. Ich will die Ozonschicht bewahren. Ich will die Welt retten. Und weißt du, was Geld ist? Geld ist großartig. Ich kann gar nicht genug Geld bekommen. Und weißt du, was ich damit machen werde? Ich werde damit Wildnisgebiete kaufen. Jeder einzelne Cent, den ich bekomme, geht direkt in den Naturschutz, und es ist mir egal, wem das Geld gehört. Ich werde es verwenden und es für den Kauf von Land ausgeben."

Steve Irwin ist nicht ohne Grund eine Ikone. Er war reich in seinen Beziehungen und in seiner Liebe zu den Tieren. Er lebte seinen Traum und erfüllte seine Aufgabe in der Welt, was ihn in vielerlei Hinsicht zu einem sehr wohlhabenden Mann machte.

Geld zu besitzen oder allgemeiner finanzieller Wohlstand macht dich nicht reich. Du musst keine Millionen auf der Bank haben oder eine Menge investieren, um glücklich zu sein. Stattdessen solltest du Geld auf eine Art und Weise besitzen, die für dich funktioniert. Sorge dafür, dass Geld für dich eine Bedeutung hat, die deine Ziele und deinen Lebenszweck erfüllt, und nicht etwas, das du an sich anstrebst. Sicher, wenn du aus Gier nach materiellen Dingen, einem großen Haus und einem schönen Auto Millionen von Dollar haben willst, dann mach das, wenn es dich glücklich macht. Aber für die meisten Menschen funktioniert das nicht und sie fühlen sich am Ende unerfüllter als je zuvor.

Sieh Geld als eine Möglichkeit, Chancen zu nutzen, die sich dir bieten. Für die meisten Menschen reicht es, genug Geld zu haben, um bequem zu leben, ihre Familie zu versorgen, Dinge zu bezahlen, ohne einen Kredit aufnehmen zu müssen, und sich keine Sorgen zu machen, wann der nächste Gehaltsscheck kommt.

Es kann aber alles bedeuten, was du willst. Versuche einfach, eine klare Vorstellung davon zu haben, was es bedeutet. Diesen Prozess werden wir später noch genauer untersuchen.

Was ist Erfolg?

Genau wie beim Reichtum solltest du dich fragen, was Erfolg für dich bedeutet. Sicherlich denkst du zuerst an einen gut bezahlten Job oder ein eigenes Unternehmen, an Ansehen und Autorität in deiner Gemeinde, in der Öffentlichkeit oder in deinem sozialen Umfeld. Aber Erfolg kann viel mehr sein als das.

Es könnte so einfach sein, wie glücklich und erfüllt in dem zu sein, was du jeden Tag tust oder den Menschen um dich herum einen Wert zu geben. Es könnte sein, eine gesunde und glückliche Familie aufzubauen. Es könnte sein, einen Beitrag zur Gesellschaft zu leisten, der die Lebensqualität anderer verbessert.

Erfolg muss nicht etwas Bestimmtes bedeuten, aber es ist wichtig, dass du eine Vorstellung davon hast, was er für dich bedeutet. Wenn du das weißt, kannst du damit beginnen, die Dinge zu tun, die dich dorthin bringen.

Was ist Überfluss?

Der dritte und letzte Bereich, auf den wir uns konzentrieren werden, ist der Überfluss. Überfluss wird normalerweise als das Vorhandensein von mehr als genug definiert. Wenn es um das Gesetz der Anziehung geht, bedeutet Überfluss jedoch, genug von dem zu haben, was du brauchst oder willst, nicht nur in Bezug auf dich selbst, sondern auch auf die Welt.

Nur weil es zehntausende andere Bestsellerautoren, Musikkünstler oder erfolgreiche Hochdruckreinigungsunternehmen gibt, heißt das nicht, dass du in diesen Bereichen nicht erfolgreich sein kannst.

Dies kann sich wie ein abstraktes Konzept anfühlen, aber es ist eine Denkweise, auf die du hinarbeiten kannst. Je mehr du dich auf die Fülle und die guten Dinge in deinem Leben konzentrierst, desto mehr werden sie dir zufallen.

Nach dem Gesetz der Anziehung gibt es von allem mehr als genug, vor allem für diejenigen, die es wollen. Wenn du so darüber denkst, wird es noch besonderer. Wenn es so viele andere Menschen gibt, die sich auf den Weg gemacht haben, um etwas zu erreichen, und es ihnen gelungen ist, zeigt das, dass es möglich ist und dass es keinen Grund gibt, warum du es nicht auch schaffen kannst.

Du kannst alles im Leben haben, was du willst. Nur weil jemand anderes es hat oder hatte, heißt das nicht, dass du es nicht bekommen kannst.

Wenn es darum geht, Geld, Fülle und Erfolg in dein Leben zu ziehen, ist es wichtig, eine klare Vorstellung davon zu haben, was diese Dinge für dich bedeuten. So wie jeder Mensch einzigartig ist, so sind auch die Definitionen dieser Begriffe für jeden Einzelnen unterschiedlich.

Damit sind wir bereit, die ersten Schritte zu tun, damit das Gesetz der Anziehung für dich funktioniert. Atme tief ein und lass uns loslegen.

Jetzt, wo wir die Grundlagen behandelt und ein theoretisches Verständnis für das aufgebaut haben, was wir im Laufe des Buches erforschen werden, möchte ich, dass du dir einen Moment Zeit für dich nimmst. Hier werden wir die erste Technik besprechen, die dir helfen wird, die Geheimnisse der Manifestation zu entdecken.

Technik #1 - Erinnere dich daran, dass du lebst

Diese kurze und einfache Technik soll dich auf den Weg

bringen, das Gesetz der Anziehung zu nutzen, um Reichtum und Erfolg zu manifestieren. Sie soll dir dabei helfen, deinen Geist in den gegenwärtigen Moment zu versetzen und deine Schwingungsfrequenz nicht nur zu bemerken, sondern sie auch in eine Frequenz zu ändern, die du dir wünschst.

Atme zunächst tief durch die Nase ein. Halte den Atem ein paar Sekunden lang an und atme dann langsam durch den Mund aus. Das richtige Timing dafür ist, vier Sekunden lang einzuatmen, fünf Sekunden lang zu halten und dann sechs Sekunden lang auszuatmen. Du kannst jedoch tun, was du für richtig hältst, solange die Dauer der einzelnen Atemzüge relativ lang ist. Je länger die Zeiten sind, desto besser. Wiederhole die Übung dreimal.

Spürst du diese friedliche Energie? Nimm dir einen Moment Zeit, um das Gefühl zu spüren, wie dein Körper auf deinem Stuhl sitzt. Dieses Gefühl der Berührung. Das Gefühl, dass dein Gewicht dich nach unten drückt und die Schwerkraft auf dir lastet. Dies ist ein guter Zeitpunkt, um eine geführte Meditation mit einer App oder einem YouTube-Video durchzuführen, aber die drei Atemzüge sollten ausreichen.

Wenn du dich friedlich und ruhig fühlst und dein Geist relativ ruhig ist, nutze diesen Moment der Einsamkeit, um darüber nachzudenken, wie viel sich in deinem Leben in den letzten Jahren verändert hat. Angenommen, du bist 30. Statistisch gesehen hast du noch Jahrzehnte vor dir.

All diese Jahre. So viel Zeit. Mach dir klar, wie viele Tage, Monate und Jahre du immer wieder zu leben hast. Wie viele Gelegenheiten und Chancen zum Wachsen du in dieser Zeit hast. Auch wenn du weniger Zeit hast, nimm das als Inspiration, um deine Zeit noch sinnvoller zu nutzen.

Der Punkt ist, dass dir, genau wie in den letzten Jahren, in denen du gelebt hast, Dinge passieren werden und du Dinge tun wirst, und unabhängig davon, wie lang dein Leben ist, wirst du leben. Du lebst dein Leben in diesem Moment.

Warum also nicht ein Leben führen, auf das du dich freust, wenn du aufwachst? Warum nicht ein Leben führen, mit dem du wirklich glücklich, im Einklang und zufrieden bist? Warum strebst du nicht nach etwas Größerem, Großartigerem und Befriedigenderem als dem, wo du jetzt bist?

Die Verwirklichung deiner Wunschvorstellungen ist ein Prozess, bei dem es Höhen und Tiefen geben wird, während du lernst, aber letztendlich willst du die beste Version von dir selbst werden, was auch immer das für dich bedeutet. Dies ist eine Technik, die du oft anwenden wollen wirst, und ja, es ist wirklich so einfach.

Egal, wo du dich im Leben befindest, was du gerade tust oder mit wem du zusammen bist, nimm dir ein paar Sekunden Zeit, um diese drei tiefen Atemzüge zu nehmen, dich zu sammeln und dir bewusst zu machen, dass du dein Leben genau hier und jetzt lebst. Nimm wahr, wie die Farben um dich herum durch diese Erkenntnis noch lebendiger und schöner werden. Nimm wahr, wie dankbar du dich fühlst, dass du die Möglichkeit hast, nicht nur ein Leben zu leben, sondern das Leben zu leben, das du dir wünschst. Du kannst es möglich machen.

Übe täglich - mehrmals am Tag, wenn du die Wirkung wirklich maximieren willst.

Das ist es, worum es beim Gesetz der Anziehung geht.

KAPITEL 2

Reiche vs. arme Denkweise

"Das Gute anzuerkennen, das du bereits in deinem Leben
hast, ist die Grundlage des Überfluss."

- Eckhart Tolle

Ein Zitat, über das es sich lohnt nachzudenken.

Wenn es darum geht, dein Leben zu leben, ist deine Denkweise
entscheidend. Mit Denkweise meine ich die Überzeugungen, die
du hast und die deine Sichtweise prägen. Deine Denkweise ist
im Grunde die Reihe von Gedanken, die du hast, wenn es
darum geht, die Welt zu verstehen und dich in ihr
zurechtzufinden. Deine Denkweise beeinflusst alles, von dem,
was du denkst, bis hin zu dem, was du fühlst, und bestimmt im
Grunde, wie du in jeder Situation Entscheidungen triffst.

Wenn es um das Gesetz der Anziehung geht, bestimmt deine
Denkweise deine Schwingungsfrequenz, basierend auf den
Gedanken, die du denkst, und den Entscheidungen, die du
triffst. Es gibt zwar unendlich viele Möglichkeiten, deine

Einstellung zu kategorisieren, aber wir werden uns auf zwei konzentrieren: die Einstellung des Überflusses und die Einstellung des Mangels.

Wie gut es dir finanziell geht oder nicht, spielt dabei keine Rolle. Du kannst ein reicher Mensch mit einer armen Denkweise sein, genauso wie du finanziell arm sein kannst, aber eine reiche Denkweise besitzt. Denk daran: "Reich" bedeutet nicht nur, Geld zu haben. Es bedeutet auch, dass du Zeit hast, die Dinge zu tun, die du willst, dass du im Überfluss lebst, dass du erfolgreich bist, wenn du deine Wünsche verwirklichst, und dass du zufrieden, friedlich und glücklich bist.

Ich könnte dieses Kapitel leicht abkürzen, indem ich sage, dass du an deiner Denkweise arbeiten musst, wenn du mehr Geld, mehr Zeit, eine bessere Gesundheit oder in irgendeiner Weise reich sein willst. Schon eine kleine und einfache Veränderung deiner Einstellung kann einen großen Unterschied für deinen Reichtum und dein ganzes Leben bedeuten.

Aber was ist der Unterschied zwischen den beiden?

Was ist ein arme Denkweise?

Eine arme Denkweise ist eine, die sich vor Reichtum, Geld und Erfolg verschließt. Eine arme Denkweise bedeutet, dass du eine negative Einstellung zu dem hast, was du willst. Ein Beispiel: Eine arme Denkweise glaubt, dass Geld die Wurzel allen Übels ist. Du verbindest Geld vielleicht mit Schmerz, Kampf und Entbehrung. Deshalb tut ein Mensch mit einer armen Denkweise alles, um Geld zu vermeiden.

Das kann durch Horten, übermäßiges Geldausgeben oder auch nur dadurch geschehen, dass du nicht genug Geld verdienst. Auch wenn du das Gefühl hast, dass du Geld brauchst, um deine Träume zu verwirklichen, wirst du dir unbewusst selbst im Weg stehen und dich selbst davon abhalten, Geld zu haben, wenn du eine arme Denkweise hast.

In meinem eigenen Leben, vor allem in meinen frühen Zwanzigern, war ich chronisch verschuldet und hatte so viel Geld in mein gescheitertes Unternehmen gesteckt. Jedes Mal, wenn ich mein Bankkonto öffnete und die roten Zahlen sah, wenn ich mich mit einem Freund traf, dem ich Geld schuldete, oder wenn andere mir anboten, meine Essensrechnung zu bezahlen, weil sie wussten, dass ich in einer schlechten Lage war, bestätigte ich diese Überzeugungen.

Drei Jobs zu haben, während ich versuchte, aus den Schulden herauszukommen, nur um eine Zeit lang zu sparen, mehrere große Zahlungen oder Rückzahlungen zu leisten und dann wieder am Anfang zu stehen, verstärkte diese Überzeugung. Obwohl ich wusste, dass es ein langfristiger Prozess ist, aus den Schulden herauszukommen und finanzielle Sicherheit zu erlangen, fühlte ich mich trotzdem unfähig und gestresst.

All diese Gedanken und Gefühle brachten mich zu der Überzeugung, dass ich nicht in der Lage sei, mein Geld richtig zu verwalten, dass ich dazu neigen würde, schlechte Investitionsentscheidungen zu treffen, und dass ich nicht das Zeug dazu hätte, reich zu werden. Infolgedessen hatte ich eine arme Denkweise entwickelt.

Wenn du eine arme Denkweise hast, lebst du in ständiger Angst, dass du nie genug haben wirst. Du hältst dich selbst zurück und stehst dir selbst im Weg, weil du davon überzeugt bist, dass sich deine Umstände nie ändern werden und du für den Rest deines Lebens dort festsitzt, wo du bist. Gleiches zieht Gleiches an, und weil du diese Dinge denkst, ist das die Realität, die du manifestieren wirst. Das Ziel deiner Reise und der Lektüre dieses Buches ist es, diese Hindernisse zu überwinden und deine Denkweise zu ändern, um so dein Leben zu verändern.

Der Zustand deiner Denkweise bestimmt, wie du alles in deinem Leben handhabst, einschließlich der Qualität deiner Beziehungen, deiner Finanzen, deines Energieniveaus, deiner Gesundheit und deiner Ressourcen wie Zeit. Menschen mit einer armen Denkweise tun dies in einer armseligen Weise.

Menschen mit einer armen Denkweise konzentrieren sich auf kurzfristige Gewinne.

Wenn sie einen Überfluss an Ressourcen bemerken, ist das für sie eine Gelegenheit zu konsumieren. Wenn sie zum Beispiel einen Weihnachtsbonus bei der Arbeit erhalten, geben sie alles für einen Urlaub, ein neues Auto oder etwas anderes aus, das sie kurzfristig zufriedenstellt. Natürlich ist das Streben nach kurzfristiger Befriedigung keine gute Methode, um langfristige Erfüllung zu erreichen.

Diejenigen mit einer armen Denkweise sind nicht bereit, zu investieren oder in die Zukunft zu blicken, weil sie alles jetzt haben wollen. Natürlich bringen kurzfristige Vergnügungen kein langfristiges Glück. Das Glück, das du mit einem neuen Auto hast, ist begrenzt und flüchtig, aber ein Mensch mit einer armen Denkweise weiß es nicht besser.

Deshalb sind sie in einer Schleife gefangen, in der sie nach Möglichkeiten suchen, Geld zu verdienen, gesund zu werden oder ihr Energieniveau zu steigern, nur um diese Ressourcen schnell wieder zu verbrauchen, sobald sie einen bestimmten Punkt erreicht haben, was sie dazu zwingt, zum Ausgangspunkt zurückzukehren und den Kreislauf erneut zu beginnen. Ein Mensch mit einer armen Denkweise ist ständig auf der Jagd nach Dingen.

Eine arme Denkweise sucht in jeder Situation nach einem sofortigen Gewinn. Betroffene Personen fragen sich, was die Situation für sie bringt, und sehen keinen Wert darin, etwas zu tun, wenn es keinen klaren Nutzen gibt. Sie sehen zum Beispiel keinen Sinn darin, an einem Kundentreffen teilzunehmen, wenn es keine Garantie gibt, dass sie dort Arbeit bekommen.

Und wie sieht es auf der anderen Seite aus?

Was ist eine reiche Denkweise?

Eine reiche Denkweise, auch bekannt als "Denken im Überfluss", ist genau das Gegenteil der gerade beschriebenen Sichtweise. Wenn du eine reiche Denkweise hast, schätzt dein Verstand das, was du hast, und glaubt, dass in der Zukunft noch mehr kommen wird. Das kann sich auf Geld beziehen, aber es geht um so viel mehr als das.

Eine reiche Denkweise ist offen und empfänglich für alles. Personen mit einer reichen Denkweise wissen, dass Chancen, Geld, Zeit und Erfolg jetzt und in Zukunft möglich sind. Sie erkennen an, sind dankbar und akzeptieren, was sie jetzt haben, und blicken auf das, was in der Zukunft kommt. Das wiederum führt zu Glück, Möglichkeiten, Freiheit und Überfluss. Menschen mit einer reichen Denkweise verbinden Geld nicht mit Freude, Vergnügen und Erfüllung, wie es arm denkende Menschen tun würden, sondern eher als ein Werkzeug, das die Türen zu diesen Dingen öffnet. Erinnerst du dich an das Zitat von Steve Irwin aus dem letzten Kapitel? Ihm war es egal, wie er zu seinem Geld kam, woher es kam oder von wem. Ihm ging es finanziell gut, nicht weil er danach strebte, reich zu sein, sondern weil er Geld anhäufte, das ihm half, seine Ziele und seinen Zweck auf diesem Planeten zu erfüllen.

Es ist jedoch wichtig zu wissen, dass Werte dabei eine Rolle spielen, denn Werte schwingen in einer bestimmten Frequenz, wie alles andere im Universum auch. Wenn Steve Irwin durch den Verkauf von Drogen, die Menschen verletzen, Geld für seine Sache sammeln würde, würde das nicht seinen Werten entsprechen, die Welt zu einem besseren Ort machen zu wollen. Eine reiche Person wird daher auf nachhaltige Weise Geld anziehen.

Sie werden ihre Ressourcen in Systeme investieren, die über lange Zeiträume Geld einbringen, anstatt ständig ihre Stunden gegen Geld zu tauschen. Die Ergebnisse solcher Investitionen sind jedoch nicht unbedingt finanzieller Art, sondern können sich in Form von Chancen, Experimenten oder zukünftigen Investitionen zeigen.

Reich denkende Personen versuchen nicht, ein One-Hit-Wonder zu sein, mit einem einzigen Video viral zu gehen oder im Lotto zu gewinnen. Sie möchten lieber ein Unternehmen haben, das ihre persönlichen Werte erfüllt. Sie haben eine Verantwortung und richten ihr Leben so ein, dass sie viel Zeit für die Dinge haben, die ihnen wichtig sind, sei es Reisen, Zeit mit der Familie zu verbringen oder Erfahrungen zu machen. Sie wollen sich so organisieren, dass sie dauerhaft glücklich, zufrieden, sicher, geborgen und erfolgreich sind.

Stell dir eine Grafik von Glück und Erfüllung vor. Die Grafik einer armen Denkweise würde unglaublich spitz zulaufen, schnell ihren Höhepunkt erreichen, dann in einen Tiefpunkt fallen, langsam wieder ansteigen, ihren Höhepunkt erreichen, dann wieder in einen Tiefpunkt fallen und diesen Zyklus einfach wiederholen.

Im Gegensatz dazu würde die Grafik eines reichen Geistes einen langsamen und stetigen Anstieg ohne viele extreme Ereignisse zeigen. Wenn du dieses Konzept auf dein Leben anwendest, solltest du den Unterschied erkennen können.

Was bestimmt deine Denkweise?

Was bestimmt, ob du eine arme oder eine reiche Denkweise hast? Wir haben uns auf die allgemeinen Aspekte von Überfluss- und Mangeldenken konzentriert und darauf, wie diese auf jeden Aspekt deines Lebens angewendet werden können, aber in diesem Buch geht es um Finanzen.

Es gibt viele Faktoren und potenziell viele Variablen, aber einer der wichtigsten Faktoren, die die Denkweise bestimmen, ist dein Umfeld und das, was du dir selbst zumutest. Wenn du nur Negatives im Fernsehen siehst oder in Büchern liest, wird es dir sehr schwer fallen, eine positive Einstellung zu haben.

Das ist in der heutigen Welt besonders wichtig, weil du dich ständig mit anderen Menschen vergleichen kannst. Egal, ob du dir Prominente im Fernsehen ansiehst oder ihnen auf Instagram folgst, du wirst ständig mit dem Bild bombardiert, dass andere Menschen besser dran sind als du und mehr haben als du. Das führt dazu, dass du dich nach ihrem Leben sehnst und für dein eigenes undankbar wirst. Mit der Zeit führt das zu einer schlechten Einstellung, die dich zu impulsiven Käufen verleitet, wie dem Kauf des neuesten iPhones oder eines neuen Autos, weil du den kurzfristigen Kick willst, schöne Dinge zu besitzen. Weil du dich nach dem Rausch sehnst, gibst du ständig Geld aus und lebst in einem Trott von Gehaltsscheck zu Gehaltsscheck.

Wenn du dann inspiriert bist und eine Geschäftsidee hast oder in ein Unternehmen investieren willst, hast du nicht das nötige Kapital dafür, und der Weg zur Verwirklichung deines Traums wird viel schwieriger. Angenommen, du bist schon eine Weile mit jemandem zusammen und du bist bereit, zu heiraten, eine Familie zu gründen und zusammenzuziehen, aber du brauchst eine Anzahlung für eine Hypothek, die du aufgrund deiner Lebensweise nicht leisten kannst.

Diese Erfahrung könnte dazu führen, dass du deine vergangenen Entscheidungen bereust, aber sie bestätigt auch deine Überzeugung, dass du schlecht mit Geld umgehen kannst. Dann vergleichst du dich mit deinen Freunden und Kollegen, die Hausbesitzer sind, und fühlst dich noch schlechter und versinkst noch tiefer in deiner armen Denkweise.

Wenn du hingegen planst, für ein neues Auto zu sparen, aber eine unerwartete Rechnung auftaucht, die du problemlos und mit minimaler Beeinträchtigung deines restlichen Lebens bezahlen kannst, ist das ein Beweis dafür, dass du dein Geld gut verwaltest, und eine Bestätigung für deine Einstellung zum Überfluss.

Alles, was du bist, vergangene und aktuelle Erfahrungen und sogar die Ansichten deiner Eltern und der Menschen, mit denen du aufgewachsen bist, spielen eine Rolle dabei, was du über die Welt glaubst und wie du dich selbst siehst. Wenn deine Eltern dich ständig beschimpft und dir gesagt haben, dass du deine Finanzen schlecht verwaltest und es besser machen musst, wirst du dir das selbst einreden und immer glauben - und es wird deine Realität bleiben, bis du in der Lage bist, diese Denkmuster zu durchbrechen und deine Denkweise zu ändern.

Technik #2: Entwickle eine reiche Denkweise

Um eine reiche Denkweise zu entwickeln, musst du herausfinden, was deine derzeitigen Überzeugungen sind. Sobald du sie verstehst und weißt, woher sie kommen (und warum du so denkst, wie du es tust), kannst du anfangen, deine Gedanken zu ändern. Du kannst deine Sichtweise so verändern, dass sie dir nutzt. Dadurch verändert sich deine Schwingungsfrequenz, die Energie, die du ins Universum aussendest, und die Energie, die du zurückbekommst, so dass du letztendlich die Realität manifestierst, die du dir wünschst.

Das ist ein lebenslanger Prozess, aber es ist kein schwieriger Prozess. Zumindest muss er das nicht sein.

Diese Technik ist ganz einfach, sie ist umsetzbar und nutzt das Gesetz der Anziehung, um dir zu helfen, deinen Reichtum zu mehren und dich zu einer reicheren Denkweise zu bewegen.

Durch diesen Prozess wirst du zu einem achtsamen Geldausgeber. Das bedeutet, dass du dir bewusst machst, wie und wann du dein Geld ausgibst, wofür du es ausgibst, und dass du mit den Gewohnheiten zur Geldausgabe, die aus einer armen Denkweise resultieren, aufhörst. Von nun an wirst du dein Geld mit einer reichen Denkweise ausgeben.

Vor Kurzem wollte ich unbedingt eine Apple Watch kaufen. Mein Partner hat eine und ich möchte eine, um meine Produktivität und meine Gesundheitsziele zu verfolgen, wie z. B. Lauferinnerungen, Herzfrequenzmessung, Trinkverhalten und so weiter. In der Vergangenheit, als ich noch nicht so gut drauf war, hätte ich sie einfach sofort bezahlt und am nächsten Tag verschicken lassen. Aber der Betrag, den ich dafür hätte ausgeben müssen, hätte mich beschämt und gestresst, vor allem, wenn ich am Ende nicht mehr in der Lage gewesen wäre, meine

Rechnungen und Schulden zurückzuzahlen.

Mit einer reichen Denkweise weiß ich jedoch, dass ich meine Rechnungen und Schulden vorrangig bezahlen und Geld sparen muss und dass ich in Zukunft Geld haben werde und die Möglichkeit, die Uhr zu kaufen, wenn ich noch eine will.

Das war keine leichte Entscheidung. Ich hatte die Uhr bereits im Online-Warenkorb und war bereit, sie auszuchecken, aber ich tat es nicht. Stattdessen habe ich erkannt, dass ich die Uhr jetzt nicht brauche, weil ich verantwortungsvollere Anschaffungen habe, die in Zukunft Geld kosten werden. Für den Moment bleibe ich dankbar für das, was ich habe.

Und so einfach war es. Aus einer armen Denkweise wurde eine reichhaltige. Ich habe mir gerade 400 Dollar gespart, die ich für sinnvollere, nützliche Anschaffungen ausgeben kann, und habe mir zudem eine Menge potenziellen Stress erspart. Probiere es selbst aus, aber fang klein an.

In diesem Sinne möchte ich, dass du in den nächsten 30 Tagen (sieben Tage, wenn du ganz neu dabei bist) nichts kaufst. Okay, das ist natürlich unmöglich, denn du musst ja leben, aber bei dieser Technik geht es darum, dein Geld für das Wesentliche zu sparen und zu verstehen, dass du in der Zukunft mehr Luxusartikel kaufen kannst, weil du mehr Geld haben wirst, das du in einer nachhaltigeren Weise ausgeben kannst. Nur weil du das Geld jetzt hast, heißt das nicht, dass du es auch ausgeben musst.

Grundsätzlich solltest du in den nächsten 30 Tagen nichts kaufen, außer das Nötigste oder etwas, das du unbedingt brauchst.

Das war's. Du sparst nicht und versuchst auch nicht, billigere oder erschwinglichere Wege zu finden, Dinge zu tun. Du kaufst einfach nichts, was nicht unbedingt notwendig ist. Wenn du einen Impuls hast, etwas zu kaufen, frage dich, ob es wichtig ist oder ob es warten kann, und entscheide bewusst und nicht leichtsinnig.

Wie hängt das mit dem Gesetz der Anziehung zusammen? Jedes Mal, wenn du etwas kaufen willst, denkst du bewusst darüber nach, ob es wichtig ist, und triffst eine Entscheidung.

Durch diesen Prozess des bewussten Denkens wird die Energie in das Universum gesendet, dass du dein Geld jetzt im Wesentlichen verwaltest und nur noch Anschaffungen machst, die von Bedeutung sind. Außerdem sagst du damit, dass du Geld nur noch für wichtige Dinge sparst und in langfristige Ressourcen investierst, die deinem Leben einen nachhaltigen Wert verleihen.

Denk auch daran, dass du vor Herausforderungen stehst, aber es gibt viele umsetzbare Tipps und Fragen, die du dir stellen kannst, um sie zu meistern;

- Erstelle ein Ausgabenbudget. Rechne zusammen, wie viel du verdienst, wie viel du für wichtige Anschaffungen ausgibst und wohin der Rest geht. Verstehe, wohin jeder einzelne Dollar, den du verdienst, fließt.

- Hast du Trigger, die dich zu impulsiven Ausgaben verleiten? Kaufst du Dinge, wenn du dich gestresst oder traurig fühlst, oder als Bewältigungsmechanismus?

- Glaubst du, dass der Kauf von materiellen Gütern dich glücklich macht oder dich befriedigt/erfüllt?

Technik #3: Der harte Schnitt

Sobald du anfängst, bewusster mit deinen aktuellen Ausgaben umzugehen, kannst du anfangen, dich auf deine Finanzen zu konzentrieren, indem du nachhaltiger und verantwortungsvoller mit deinem Geld umgehst. Vergiss nicht, dass du dir ein solides Fundament an Ausgabegewohnheiten aufbauen musst, wenn du wohlhabend und erfolgreich sein willst. Es spielt keine Rolle, ob du 100 Dollar auf der Bank hast oder 100.000 Dollar, wenn du nicht auf dein Geld aufpassen kannst, wirst du es verlieren.

Wenn ich mir meine eigenen Konten anschaue, habe ich beschlossen, Einkaufslisten zu erstellen (auch wenn ich ab und zu eine Tafel Schokolade aufgeschrieben habe, weil sie mich glücklich gemacht hat), die Netflix- und Fitnessstudio-Abonnements zu kündigen, die ich nicht gebraucht habe, und keine impulsiven Buchkäufe mehr zu tätigen.

Das nennt man den harten Schnitt, und er ist unerlässlich. Gehe deine Konten in den letzten Monaten durch und schaue, wofür du dein Geld ausgegeben hast. Kündige alle Abonnements, die du nicht brauchst oder die dir nichts bringen, und rechne zusammen, wie viel Geld du für Kaffee, teure Verabredungen zum Mittagessen, Kleidung, Videospiele und andere unwichtige Ausgaben ausgegeben hast.

Ja, das kann hart sein, aber du musst dich der Realität deiner Situation stellen, um dem Universum zu beweisen, dass du bereit bist, alles zu tun, was nötig ist, um dein Leben zu ändern. Das ist die Energie, die du aussendest, und die Energie, die du zurückbekommst. Wenn du nicht hinsehen willst, weil du Angst hast oder dich für deine Ausgaben schämst, ist das die Energie, die du aussendest, und du bleibst stecken.

Durch den Einsatz beider Techniken habe ich in nur 30 Tagen weit über 400 Dollar gespart. Das war nicht viel, aber zu der Zeit bedeutete es alles.

Wenn ich diese Logik heute noch anwende, habe ich Geld für schlechte Zeiten, Ersparnisse und kann mir unerwartete Rechnungen leisten. Ich bin finanziell abgesichert und mit jeder Interaktion, die ich mit Geld habe, sende ich die gleichen

Schwingungsfrequenzen in das Universum und sorge dafür, dass die gleiche Energie zu mir zurückkommt.

KAPITEL 3

Unbewusste Geldblockaden, die dich von finanzieller Freiheit abhalten

"Hör auf, dir selbst im Weg zu stehen. Hör auf, Ausreden zu erfinden. Hör auf, darüber zu reden, warum du es nicht schaffst. Hör auf, dich selbst zu sabotieren. Entscheide dich, in welche Richtung du gehen willst und handle. Eine Entscheidung nach der anderen, ein Moment nach dem anderen."

- Akiroq Brost

Es gibt einen Grund, warum du dich abmühst, ein Leben zu führen, mit dem du zufrieden bist. Es gibt einen Grund, warum du ständig versuchst, dein Leben zu verbessern, aber immer wieder das Gefühl hast, dass du zum Anfang zurückfällst. Hast du schon einmal darüber nachgedacht, deine finanzielle Situation endlich in Ordnung zu bringen, nur um dann nach Monaten der Arbeit nicht besser dazustehen?

Der Grund, warum die Welt der finanziellen Freiheit immer unerreichbar scheint, ist, dass du Geldblockaden hast. Du musst nicht nur herausfinden, wo du heute stehst und wie du deine finanzielle Situation proaktiv und umsetzbar verbessern kannst, sondern auch Zeit darauf verwenden, deine unbewussten Blockaden und Denkmuster herauszufinden und zu überwinden.

Die mentalen Blockaden, die du in Bezug auf deine Finanzen hast - ob du dir ihrer Existenz bewusst bist oder nicht - hindern dich daran, Geld zu haben. Wenn du zum Beispiel denkst, dass Geld die Wurzel allen Übels ist, dann wirst du immer finanziell arm sein, denn auch wenn du Geld zum Leben brauchst, wirst du es aufgrund deines Glaubens immer wegschieben.

In meinem eigenen Leben habe ich immer gesagt, dass ich nicht genug Geld hätte, dass ich nicht die Fähigkeiten hätte, verantwortungsvoll mit Geld umzugehen, und dass ich des Geldes nicht würdig sei. Ich glaubte, dass ich einfach nicht das Zeug dazu hätte, Geld zu haben und es weise und reif auszugeben, und das war die Realität, die ich manifestierte.

Das Beste, was du jetzt tun kannst, ist, dir über deine eigenen Blockaden bewusst zu werden. Wenn du dir ihrer bewusst bist, kannst du herausfinden, woher sie kommen, wie du sie loslassen kannst und wie du sie durch Gedanken und Perspektiven ersetzen kannst, die dir bei deinen Unternehmungen tatsächlich helfen, anstatt dich zurückzuhalten und in einem Trott stecken bleiben zu lassen.

Wenn es darum geht, Geld zu manifestieren, gibt es einige

unbewusste Blockaden, die dich davon abhalten können, deine Ziele zu erreichen, und wir werden sie hier untersuchen. Außerdem werden wir einige wirkungsvolle Techniken zur Überwindung dieser Blockaden erforschen.

Die Angst, nicht genug Geld zu haben

Eines der größten Hindernisse, Geld zu manifestieren, ist die Angst, nicht genug zu haben. Diese Angst kann durch eine Vielzahl von Faktoren verursacht werden, z. B. durch frühere Erfahrungen mit Geld, negative Glaubenssätze über Geld oder fehlende finanzielle Bildung.

Wenn du Gedanken wie "Ich habe nicht genug Geld" bestätigst, ist das die Realität, die du manifestierst. Wenn du Angst hast, dass du jetzt etwas kaufen musst, weil du nicht daran glaubst oder dir nicht bewusst bist, dass du in der Zukunft Geld haben wirst (Angst davor, in der Zukunft kein Geld zu haben), dann wirst du auch in der Zukunft kein Geld haben.

Es ist nicht so sehr die Angst, nicht genug Geld zu haben, die dich festhält, es ist die Sprache deiner Gedanken. Du redest dir ein, dass du in Zukunft kein Geld mehr haben wirst, also tust du es nicht. Du hast Angst, dass sich deine finanzielle Situation in Zukunft nicht zum Positiven wendet, also tust sie es nicht. Das sind die Gedanken, die deine Realität bestätigen, die dich letztlich festhalten und dich daran hindern, reich zu werden. Die folgenden Aussagen bestätigen das Gleiche;

- Ich habe nicht genug Geld

- Ich habe nie genug

- Ich werde nicht genug Geld haben, um meine Miete zu bezahlen

- Ich bin am Ende, wenn mein Auto kaputt geht und ich es reparieren muss

- Ich bin auf unerwartete Rechnungen oder Zahlungen nicht vorbereitet

- Ich weiß nicht, wie ich mir dieses Jahr einen Urlaub leisten soll

Diese Gedanken und Aussagen werden dann zu deiner Wahrheit und erzeugen die Energie, die du an das Universum aussendest, um eine Realität zu manifestieren, die mit diesen Aussagen übereinstimmt.

Die Angst vor dem Erfolg

Ein weiteres häufiges Hindernis, Geld zu manifestieren, ist die Angst vor Erfolg. Das ist eine Angst, die viele von uns haben und die durch den gesellschaftlichen Druck noch verstärkt wird. Die Angst vor dem Erfolg ist eine sehr reale unbewusste Blockade und kann dich in jeder Hinsicht zurückhalten, sei es aus Angst vor dem Urteil der Öffentlichkeit oder einfach aus Angst davor, was dein Partner von dir denkt. Das ist die Angst, dass andere Menschen deinen Erfolg sehen und neidisch werden und dich anders behandeln.

Du denkst vielleicht, dass mit dem Ruhm auch die "Hater" kommen und dass du dich nicht wohl dabei fühlst, mit den negativen Auswirkungen umzugehen. Du denkst vielleicht, dass deine Familie und deine Freunde dich anders behandeln würden, wenn du es "schaffen" würdest, wie auch immer du das definierst. Was auch immer du glaubst, es erzeugt eine Angst vor dem Erfolg, die dazu führt, dass du gar nicht erst versuchst, das zu tun, was du tun willst, so dass du am Ende dort bleibst, wo du bist, und dich zunehmend ärgerst, weil du keine Schritte unternommen hast, um ein erfülltes Leben zu führen.

Du kannst in allen Bereichen des Lebens erfolgreich sein. Erfolg bedeutet für jeden etwas anderes. Zum Beispiel:

- Die Karriere bekommen, die du willst

- Eine Familie haben

- Jemanden zu einem Date einladen

- Dein eigenes Unternehmen gründen

- Einen YouTube-Kanal starten

- Einem neuen Club beitreten

- Ein neues Instrument lernen

- An einem Wettbewerb teilnehmen

Angst ist ein natürlicher Teil des Prozesses, egal was du mit deinem Leben vorhast. So versucht dein Verstand, Probleme vorherzusagen, auf die du stoßen wirst, damit du dich darauf vorbereiten und sie überwinden kannst. Diese Probleme können jedoch leicht entmutigend wirken, weil du immer an den schlimmsten Fall denkst, während in Wirklichkeit alles passieren kann und du dich nie wirklich darauf vorbereiten kannst.

Wenn du darüber nachdenkst, ein Buch zu schreiben, ist es leicht, sich Gedanken darüber zu machen, wie viel Zeit du für das Buch aufwenden wirst, woher du die Zeit in deinem Leben nimmst, wie du schreibst, sodass es sichinteressant anhört, wie du deine Charaktere entwickelst und wie schwierig es ist, das Buch in die Hände der Leser zu bekommen.

Ja, das sind Probleme, die du überwinden und lösen musst, aber du darfst dich nicht zu sehr auf sie konzentrieren. Das würde dir Angst einjagen und dich davon abhalten, es überhaupt zu versuchen. Stattdessen sind sie nur ein Teil des Weges, und du musst diese Gedanken mit Erfolgsgefühlen ausgleichen, z. B. wenn du Millionen von Büchern verkaufst, die Menschen deine

Geschichten lieben und du dich kreativ erfüllt fühlst.

Manche Ängste sind aber vielleicht etwas undurchsichtiger.

Vielleicht möchtest du einen YouTube-Kanal oder eine Social-Media-Seite zu einem Thema gründen, das dir am Herzen liegt, aber du befürchtest, dass die Seite wachsen wird und du nicht genug Zeit haben wirst, um regelmäßig hochwertige Inhalte zu posten, also hast du Angst vor dem imaginären Wachstum und startest die Seite nicht.

Vielleicht liegt deine Angst in allgemeineren Denkmustern begründet, wie z. B. der Angst vor Veränderungen oder dem Unwillen, aus deiner Komfortzone herauszutreten und deine Routine zu ändern. Vielleicht gibt es auch scheinbar unzusammenhängende Ereignisse in deiner Vergangenheit, wie z. B. Eltern, die dich nicht unterstützen, oder Ereignisse, die dich an deinem Selbstvertrauen zweifeln lassen und dich schließlich zurückhalten.

Die Angst, nicht gut genug zu sein

Erfolgreich zu sein und gut genug zu sein wirken wie austauschbare Begriffe, aber es sind verschiedene Dinge, und die Definitionen der beiden Begriffe sind sehr unterschiedlich.

Erfolg ist relativ. Ruhm ist zum Beispiel ein leicht zu erforschendes Konzept: Wenn du mit einer kleinen Band anfängst und bei einem Auftritt zehn Alben verkaufst, kann das weit mehr sein, als du je in deinem Leben verkauft hast, und du könntest mit dem Fortschritt, den du machst, sehr zufrieden sein. Wenn du hingegen Lady Gaga bist, sind zehn verkaufte Alben eine Katastrophe für deine Karriere.

Aber sowohl die kleine Band als auch Lady Gaga können die gleiche Angst haben, nicht gut genug zu sein. Lady Gaga könnte an einem Album arbeiten und obwohl es sehr erfolgreich ist, was die Verkaufszahlen und den Zuspruch der Fans angeht, kann sie trotzdem das Gefühl haben, nicht gut genug zu sein, um die Musik zu veröffentlichen.

Es ist die Angst, nicht gut genug zu sein, die so viele Menschen davon abhält, die Dinge zu tun, die sie lieben, und sie könnte auch dich davon abhalten. Diese Angst kann dich davon abhalten, bestimmte Maßnahmen zu ergreifen und Entscheidungen zu treffen. Zum Beispiel:

- Ein neues leidenschaftliches Projekt zu starten

- Um eine Gehaltserhöhung zu bitten

- Ein Unternehmen zu gründen

- Einen Posten als Trauzeuge bei der Hochzeit eines Freundes anzunehmen

- Einem neuen Fitnessstudio oder Fitnesskurs beizutreten

- Nach einer Beförderung zu fragen

Eine negative Einstellung zu Geld

Eine andere unbewusste Blockade, die du gegenüber Geld hast, kann mit deinen Überzeugungen über andere Aspekte der Welt zusammenhängen.

Wenn du zum Beispiel eine negative Einstellung zu Geld hast, wird es viel schwieriger sein, mehr davon zu manifestieren, wenn überhaupt etwas davon da ist. Das liegt daran, dass deine Gedanken und Gefühle den Fluss des Geldes blockieren können. Es gibt eine Reihe von Denkmustern, die dazu beitragen können, wie zum Beispiel:

- Ich glaube, reiche Menschen sind böse und egoistisch

- Geld verursacht so viele Probleme in dieser Welt

- Viel Reichtum zu haben ist gierig und egoistisch

- Geld zu haben bedeutet, dass du gierig nach materialistischen Dingen wirst

- Geld zu haben bedeutet, dass du immer Gefahr läufst, es ganz zu verlieren

Es ist leicht, eine negative Einstellung zu Geld und Finanzen zu entwickeln, wenn du schlechte Erfahrungen gemacht hast. Außerdem tragen alle Inhalte, Unterhaltungsangebote und Medien, die wir konsumieren, dazu bei, diese Vorstellungen zu fördern. Wenn du dir zum Beispiel Jeff Bezos, einen der reichsten Männer der Welt, ansiehst, denkst du vielleicht, dass er ein furchtbarer Mensch ist.

Geld ist ein Werkzeug. Erfolg ist eine Reise. Reichtum ist ein Ziel. Es ist an der Zeit, mit der eingefahrenen Meinung zu brechen, dass diese Dinge von Natur aus gut oder böse sind. Das sind sie nicht. Sie sind neutral. Sie können jedoch zum Guten oder zum Bösen eingesetzt werden, um positive oder negative Realitäten zu manifestieren, je nachdem, wer sie einsetzt.

Wenn du diese Glaubenssätze in deinem Leben identifizierst, kannst du damit beginnen, sie zu überwinden, und du wirst viel offener dafür sein, Reichtum, Erfolg und Fülle in dein Leben zu ziehen. Denn selbst wenn du Geld für eine gute Sache sammeln möchtest, die dir am Herzen liegt, oder dir ein Haus leisten willst, in dem deine Familie sicher leben kann, wirst du es unbewusst wegschieben, egal wie sehr du es dir wünschst, wenn du unbewusst denkst, dass Geld schlecht ist, egal wie sehr du dich bemühst, es anzuziehen.

Diese Überzeugungen können in deiner Kindheit entstanden sein, durch deine Freundesgruppen und deren Überzeugungen, durch deine Eltern, durch die Medien, die du konsumierst, durch deine unmittelbare oder landesweite Gemeinschaft und deren Überzeugungen oder durch deine persönlichen Erfahrungen.

Wenn du jemals Schulden hattest, könnte dich das in vielen Bereichen deines Lebens behindert haben, deshalb ist es leicht zu glauben, dass Geld eine schlechte Sache ist. Schließlich war Geld jahrelang die Ursache für so viele Probleme und Belastungen in deinem Leben. Mit der Zeit entwickelt sich daraus die Überzeugung, dass Geld etwas Schlechtes ist, und du redest dir ein, dass du nicht mehr davon haben willst. Je weniger du über Geld nachdenkst, desto unwahrscheinlicher ist es, dass du dahin zurückkehrst, wo du warst.

Du sendest nur die Schwingungen der Realität aus, die du unbewusst manifestieren willst, was bedeutet, dass du Geld wegstößt, anstatt ein Magnet dafür zu sein.

Mit all diesen Überlegungen im Hinterkopf bedeutet Reichtum, Erfolg und Überfluss nicht, dass du Millionen auf der Bank haben musst. Du musst definieren, was diese Dinge für dich bedeuten. Wenn du einen sicheren Job hast, der dir 75.000 Dollar im Jahr einbringt, mit dem du dir alles leisten kannst, was du dir wünschst, und der dir ein sicheres Leben ermöglicht, ohne dass dich der Stress des Geldes belastet, dann soll es so sein. Das ist es, was für dich zählt.

Aber wenn du diesen Punkt erreichen willst, musst du die

unbewussten Hindernisse überwinden, die dir im Weg stehen.

Technik #4: Finde heraus, was du fürchtest

Kommen wir nun zu unserem zweiten Geheimnis, wie du das Gesetz der Anziehung nutzen kannst: Du musst herausfinden, was deine Ängste sind. Du musst diesen Prozess durchlaufen, weil du wissen musst, wo du jetzt stehst und welche Denkmuster du hast, damit du dich darauf konzentrieren kannst, sie in Gedanken zu ändern, die dir dienen.

Es ist in Ordnung, Angst zu haben, aber wenn sie so weit geht, dass sie dich von den Dingen, die du tun willst, und dem Leben, das du dir wünschst, abhält, ist es an der Zeit, sie zu adressieren und etwas dagegen zu tun. Was kannst du also tun?

Nimm dir ein Blatt Papier, ein Tagebuch oder ein Textdokument und schreibe jede einzelne Angst auf, die du hast. Denke nicht zu viel darüber nach, und wenn etwas auftaucht, von dem du denkst, dass es nicht auf dich zutrifft, schreibe es trotzdem auf.

Wenn du dir einen Fünf- oder Zehn-Minuten-Timer setzt, kannst du dich darauf konzentrieren, immer das zu schreiben, was dir gerade in den Sinn kommt. Es gibt keine richtigen oder falschen Antworten; du erlaubst deinem Unterbewusstsein einfach, zu fließen und alles auf das Blatt zu bringen. Es gibt keine dummen oder lächerlichen Antworten.

Es kann eine Weile dauern, bis du deinen Gedankenfluss findest und die Worte tatsächlich zu Papier bringst, vor allem, wenn du so etwas noch nie gemacht hast. Sei einfach geduldig.

Um den Anfang zu machen, möchte ich dir einige der Ängste vorstellen, die ich in meinem Leben hatte:

- Ich habe Angst, dass ich die Online-Gemeinschaften, die ich aufgebaut habe, verlieren werde

- Ich habe Angst, dass die von mir erstellten Inhalte nicht gut ankommen

- Ich habe Angst, dass mir gekündigt wird

- Ich habe Angst, nicht genug Geld zu haben

- Ich habe Angst, wieder von vorne anzufangen

- Ich habe Angst, meine vergangenen Traumata in meine gegenwärtigen Beziehungen einzubringen

- Ich habe Angst, Fehler zu machen

- Ich habe Angst, Menschen zu verletzen

- Ich habe Angst, dass ich aufhöre, wenn ich meine Ziele

nicht erreiche

- Ich habe Angst, aufzuhören, bevor ich meine Ziele erreicht habe

- Ich habe Angst, dass ich meine Familie nicht ernähren kann

Das sind nur ein paar Beispiele, die mir in den Sinn kamen, aber es ist offensichtlich, dass die meisten meiner Ängste aus meinen vergangenen Erfahrungen stammen. Ich habe in der Vergangenheit versagt. Ich habe ohne Geld gelebt, ich hatte Mühe, meinen Lebensunterhalt zu bestreiten, und ich habe Angst, dass sich die Geschichte wiederholen könnte.

Weil ich diesen Prozess durchlaufen habe, kann ich erkennen, dass meine Ängste mich in so vielen Bereichen meines Lebens zurückhalten könnten. Wenn ich Angst davor habe, ein Risiko einzugehen, gehe ich es nicht ein und werde daher nie in der Lage sein, in den Dingen voranzukommen, die ich tun möchte. Ich werde immer die Realität manifestieren, dass ich Angst habe, zu versagen. Und rate mal, was das bedeutet: Ich werde eine scheiternde Realität manifestieren, in diesem Fall eine, in der ich das, was ich mir vorgenommen habe, nicht einmal anfange.

Indem du deine Ängste identifizierst, kannst du sie erkennen, wenn sie in deinem Kopf auftauchen, und du merkst, wenn sie dich zurückhalten, wenn du etwas tun willst.

Wenn du zum Beispiel in deiner Karriere vorankommen willst, aber Angst hast, um eine Beförderung zu bitten, zögerst du es hinaus und vermeidest so die Beförderung. Du hältst dich buchstäblich selbst davon ab, erfolgreich zu sein, weil du Angst hast, die nächste Stufe zu erreichen.

Am Arbeitsplatz denkst du dir vielleicht Ausreden aus, warum du dich nicht um die Beförderung bemühst, z. B. dass du zu beschäftigt seist, um mehr Arbeit zu bewältigen, dass du keine Zeit hättest, dich auf eine offene Stelle zu bewerben, oder du sabotierst vielleicht sogar, wie gut du eine Arbeit machst. In Wirklichkeit hast du vielleicht Angst, dass du nicht gut genug für die Stelle bist und du willst nicht abgelehnt werden, weil das dein Selbstwertgefühl zerstören würde.

Diese Angstschwingung wird sich dann in deiner Realität manifestieren und du wirst nie vorankommen. Solange du diese Gedanken hast, wirst du an einem Ort der Angst festsitzen.

Technik #5: Mit Intention zur Klarheit

Wenn du schon einmal etwas über Selbstentwicklung gelesen, gesehen oder gehört hast, kennst du bestimmt den Tipp, alle Ziele, die du verfolgen willst, aufzuschreiben. Das ist einer der wichtigsten und notwendigsten Punkte, mit denen du auf deiner

Reise zur Selbstentwicklung beginnen solltest, egal ob sie auf dem Gesetz der Anziehung basiert oder nicht. Aber warum?

Die einfache Tatsache ist, dass das Aufschreiben deiner Ziele dir Klarheit darüber verschafft, was du überhaupt willst. Es hilft dir, deine Ziele konkret zu formulieren. Je klarer du bist, desto kraftvoller und genauer kannst du die Realität manifestieren, in der diese Ziele erfüllt werden. Mangelnde Klarheit oder zumindest die Unkenntnis darüber, dass es dir an Klarheit fehlt, ist eine unbewusste Blockade an sich.

Eine meiner Lieblingsgeschichten ist die von Jim Carrey, einem Hollywood-Schauspieler und Komödianten. Im Jahr 1985, als Jim Carrey in Hollywood anfing, stellte er sich selbst einen Scheck aus, der auf Thanksgiving 1995 datiert war. Die Summe auf dem Scheck war 10 Millionen Dollar. Er faltete ihn zusammen und bewahrte ihn in seiner Brieftasche auf.

Es stellte sich heraus, dass Jim im November 1995 für die zweite Hauptrolle in der Hit-Filmreihe *Dumm und Dümmer* gecastet wurde, ein Vertrag, der ihm 10 Millionen Dollar einbrachte. Du könntest glauben, dass es sich um einen Zufall handelt, aber das Datum, die Uhrzeit und das Format sind so präzise, dass dies schwer zu glauben ist, besonders wenn es so viele ähnliche Geschichten gibt.

Carrey hatte sich die Zeit genommen, einen Scheck auszustellen, den Betrag und das Datum darauf zu schreiben, ihn zu unterschreiben und ihn in seiner Brieftasche zu tragen. Das ist ein sehr klares physisches Objekt, das unglaublich spezifisch ist, vor allem, wenn du bedenkst, dass du mit Schecks bezahlt wirst. Die physische Erinnerung an seine Manifestation war zehn Jahre lang in seiner Brieftasche und hat sich manifestiert.

Aber wenn du kein Ziel hast oder dir nicht im Klaren darüber bist, was du willst, wie kann das Universum dann helfen? Das kann es nicht. Du musst dir über deine Wünsche so klar wie möglich sein, wenn du sie verwirklichen willst.

Angenommen, du willst Geld. Nun, du könntest die Straße entlang gehen und einen Vierteldollar finden und schon hast du ihn. Du hast Geld. Das ist aber nicht deutlich genug. Du musst anfangen, dich selbst zu fragen;

Wie viel Geld willst du?

Wie willst du es erhalten?

Wann willst du es erhalten?

Wie lange willst du es haben?

Was hast du vor, damit zu tun?

Bist du es wert, es zu haben?

Willst du es aus Gründen, die mit deinen Werten übereinstimmen?

Bist du bereit, alles zu tun, was nötig ist, um es zu bekommen?

Angenommen, du willst 500 Dollar manifestieren. Stell dir diese Fragen der Reihe nach und schau, welche Antworten du bekommst. Wenn du diesen Prozess durchläufst, kannst du einige deiner unbewussten Blockaden aufdecken, was die Grundlage für ihre Überwindung ist.

Wenn du in der Lage bist, diese Hindernisse zu überwinden, bist du auf dem besten Weg, den Reichtum, den Erfolg und den Überfluss zu manifestieren, den du dir wünschst. Es geht nicht darum, eine bestimmte Summe auf deinem Bankkonto zu haben, sondern alles, was du brauchst, um bequem zu leben und deine Ziele ohne Stress und Geldsorgen zu erreichen.

KAPITEL 4

Die Geheimnisse, wie man Geld anzieht

**"Glück liegt nicht im bloßen Besitz von Geld; es liegt in der
Freude an der Leistung, im Nervenkitzel der kreativen
Anstrengung."**

- Franklin D. Roosevelt

Vor einigen Jahren, als ich versuchte, mein Leben in Ordnung
zu bringen, versuchte ich so sehr, eine Art Grundlage zu finden,
um mich aus meinem finanziellen Trott herauszuziehen. Es
schien, als würde ich einen Schritt vor und zwei zurück gehen.
Egal, wie hart ich arbeitete und sparte, ich stand so oft wieder
am Anfang, dass es mich völlig demoralisierte.

Und es lag nicht immer außerhalb meiner Kontrolle. Hin und
wieder hatte ich eine schlechte Woche und kaufte impulsiv ein
oder gab mehr Geld aus, als ich wollte, wenn ich mit Freunden
zum Mittagessen ging. Die Scham und den Stress, die ich
dadurch empfand, waren unbeschreiblich.

Es hat lange gedauert, mehrere Monate bis zu einem Jahr, bis ich zu einer gewissen Beständigkeit gefunden hatte, und erst im Nachhinein habe ich herausgefunden, was los war. Ich habe meine ganze Zeit damit verbracht, nach vorne zu schauen. Ich setzte mir Ziele, die ich erreichen wollte, Lebensweisen, die ich manifestieren wollte, und organisierte die Dinge, die ich tun wollte, aber es waren meine Vergangenheit und meine unbewussten Glaubenssätze, die mich zurückhielten.

Erst als ich anfing, diesem Prozess zu folgen, indem ich das Gesetz der Anziehung lernte und beherrschte, machte ich erste Fortschritte. Obwohl ich meine Vergangenheit, meine Überzeugungen, meine Werte und meine unbewussten Blockaden herausgefunden hatte, war ich immer noch nicht am Ziel. Irgendetwas fehlte.

Ja, ich machte große Schritte und es ging mir so viel besser als in der Vergangenheit. Schon die Prozesse, die du bisher in diesem Buch gelernt hast, reichen aus, um positive Veränderungen und Manifestationen in deinem Leben herbeizuführen. Aber wenn du es wirklich ernst damit meinst, den ganzen Weg zu gehen und langfristige, nachhaltige Veränderungen herbeizuführen, die dein Leben für immer verändern werden, musst du wissen, wie du das Gesetz der Anziehung nutzen kannst, um das Leben, das du dir wünschst, aktiv zu manifestieren.

Stell dir vor, dein Leben ist ein Schiff, das über die Ozeane der Existenz segelt. Bisher haben wir das Schiff umrundet und die

Löcher geflickt und du lernst gerade, wie du dich über Wasser halten kannst. Jetzt ist es an der Zeit zu lernen, wie man die Wellen meistert.

Wenn es darum geht, Geld anzuziehen, schaffst du erst dann den Raum, dich auf die positiven Manifestationen zu konzentrieren, die Reichtum in dein Leben bringen, wenn du damit begonnen hast, deine unbewussten Blockaden zu lösen (die wir in den vorherigen Kapiteln behandelt haben). Alte Blockaden aufzulösen und sie durch neue Denkmuster zu ersetzen, geht Hand in Hand.

Sobald du das verstanden hast, kannst du das Gesetz der Anziehung nutzen, um Geld in dein Leben zu ziehen. Lass uns direkt zu den Grundlagen zurückkehren, um deine Sichtweise auf Geld neu zu definieren und die Tür für genauere und kraftvollere Manifestationen zu öffnen.

Was ist Geld?

Geld ist eine Idee, die von Menschen geschaffen wurde, um den Handel zu erleichtern. Es ist eine Vereinbarung, dass bestimmte Gegenstände oder Dienstleistungen einen Wert haben und gegen andere Gegenstände oder Dienstleistungen getauscht werden können. Geld ist nicht physisch, sondern eine Idee, die in unseren Köpfen existiert.

Geld ist also ein Konzept. Bevor es Geld in der Form gab, wie wir es heute verstehen, waren Gegenstände von Wert Dinge wie Vieh, lebenswichtige Dinge und sogar andere Menschen. Es musste ein wertvoller Gegenstand sein, der leicht gehandelt werden konnte.

Schließlich begannen die Menschen, Edelmetalle wie Gold und Silber zu verwenden, um mit ihnen zu bezahlen. Diese Metalle wurden verwendet, weil sie selten waren und einen hohen Wert hatten. Heute verwenden die meisten Länder Papiergeld, das durch das Versprechen der Regierung gedeckt ist, seinen Wert zu zahlen. In den Vereinigten Staaten wird dieses Papiergeld Federal Reserve Notes genannt.

Heutzutage hat sich Geld zu einem digitalen Vermögenswert entwickelt. Du siehst es als Zahl auf deiner mobilen Banking-App oder deinem Kontoauszug. Man sieht es auf Sparkonten oder sogar in Kryptowährungs-Geldbörsen.

Warum erkläre ich das jetzt?

Nun, wenn du das Gesetz der Anziehung anwendest, musst du dir darüber im Klaren sein, was du anziehst. Ohne Klarheit und Präzision kannst du etwas manifestieren, das du gar nicht willst. Du musst bei deinen Manifestationen sehr genau sein, deshalb lohnt es sich, dir Klarheit darüber zu verschaffen, was du willst.

Aber Wissen ist nicht genug. Verstehen ist deine Grundlage. Du musst aktiv werden.

Technik #6: Handlungsfähig und proaktiv werden

Du musst deinen Geist für die Idee öffnen, etwas zu unternehmen. Ja, das Gesetz der Anziehung ist ein mächtiges Werkzeug, aber es kann und wird nicht ohne deine Hilfe Geld in dein Leben bringen.

Du musst aktiv werden und alles tun, was nötig ist, um Geld in dein Leben zu bringen. Dazu gehört, dass du dir Ziele setzt und Schritte unternimmst, um sie zu erreichen, hart arbeitest und hartnäckig bist. Das Gesetz der Anziehung ist weit mehr als nur eine Denkweise.

Wichtig ist, dass du handelst, um dem Universum zu zeigen, dass du es wirklich ernst meinst mit dem, was du zu manifestieren versuchst. Das ist ein GROSSES Problem mit vielen Selbsthilfebüchern und Lesern. So viele Menschen glauben, dass das Lesen von Selbsthilfebüchern ausreicht, um sich zu verändern. Wissen ist Wissen. Handeln verwandelt dieses Wissen in Ergebnisse.

Wenn du wirklich große und ehrgeizige Ziele hast, kann es überwältigend sein, darüber nachzudenken, welche Schritte du unternehmen musst, sodass du am Ende gar keine unternimmst, aus Angst, nicht die richtige Entscheidung zu treffen oder deine Zeit zu verschwenden.

Es wird Zeiten geben, in denen du nicht alles richtig machst und Fehler machst, aber das ist okay. So lernst du die Lektionen, die du wissen musst, um dich prägnanter zu manifestieren.

Sobald du anfängst zu handeln, kannst du die Details deines Plans ausarbeiten und alle Hindernisse überwinden, die sich dir in den Weg stellen.

Geld in deinem Leben manifestieren

Der erste Schritt ist, dir darüber klar zu werden, was du willst. Sei konkret und schreibe genau auf, wie viel Geld du willst, in welcher Form und für welchen Zweck.

Darauf gehen wir später ein, wenn wir uns mit den Strategien befassen, die du anwenden kannst, um die Kraft der Visualisierung zu nutzen, um Reichtum und Erfolg zu manifestieren. Denn je mehr du dir über deine Wünsche im Klaren bist, desto genauer werden deine Gedanken und desto genauer werden deine Manifestationen sein.

Angenommen, du bist verschuldet und möchtest ein schuldenfreies Kapitel in deinem Leben aufschlagen. Du müsstest deine Finanzen genau unter die Lupe nehmen und herausfinden, was du brauchst. Lass uns das mal untersuchen:

Verschuldung = $5.000

Einkommen = $1.000 pro Monat

Ausgaben (Miete, Rechnungen, etc.) = $900 pro Monat

Wenn du von 100 Dollar im Monat lebst, wirst du deine Schulden nicht so schnell abbezahlen können, also musst du dir überlegen, wie du die Sache angehen kannst, damit es dir gut geht. Willst du dich zum Beispiel um einen besser bezahlten Job bemühen, der mehr Einkommen bietet und so mehr Geld für die Tilgung deiner Schulden zur Verfügung stellt? Willst du deine Ausgaben einschränken, um dadurch mehr Geld für die Schuldentilgung zu haben?

Mach einen klaren Plan.

Der Plan muss nicht perfekt sein, aber er muss visualisierbar sein. Wenn du also einen besseren Job haben willst, kannst du dir vorstellen, dass du einen besser bezahlten Job hast. Was würdest du dort tun? Was für einen Gehaltsscheck würdest du erhalten? Wie sähe dein Büro oder Gebäude aus? Wie wären deine Kolleginnen und Kollegen?

Auch darauf werden wir später noch eingehen, aber im Moment ist es am wichtigsten, dass du dich mit deinen Wünschen auseinandersetzt und eine klare Vorstellung davon hast, welchen Weg du einschlagen willst.

Als nächstes solltest du sicherstellen, dass du positiv über Geld denkst. Wenn du dir überlegst, was du willst, nimm dir auch einen Moment Zeit, um über die Probleme nachzudenken, die dir auf dem Weg dorthin begegnen könnten. Das sind die unbewussten Blockaden, die dich zurückhalten, wenn du nicht aufpasst. Deshalb ist es so wichtig, dass du dir ihrer bewusst wirst.

KAPITEL 5

Die Geldfalle und wie du ihr entkommst

Als ich dieses Buch schrieb, dachte ich viel über meine vergangenen Erfahrungen und meine Reise mit allem, worüber wir bisher gesprochen haben, nach. Ich dachte über den Prozess, die Erfolge und die Herausforderungen nach, denen ich auf meinem Weg begegnet bin. Es gab jedoch einen Gedanken, der immer wieder auftauchte und den ich noch nicht wirklich angesprochen habe.

Der Gedanke, dass reiche Menschen nicht glücklich sind. Es ist eine weit verbreitete Vorstellung, dass du, selbst wenn du Milliarden auf der Bank hast, absolut unglücklich sein kannst, während du, wenn du nur das Nötigste hast und kein Geld, trotzdem ein unglaublich glückliches Leben führen kannst. Im Grunde genommen kann man mit Geld kein Glück kaufen, und das sehen auch immer mehr Menschen so, denn die Zahl der Millionäre und Milliardäre auf der Welt steigt.

Warum werden die Menschen nicht glücklicher, wenn sie reicher werden und ihren finanziellen Wohlstand vergrößern?

Nun, ganz einfach: Geld und Reichtum sind greifbar. Wenn du ein Elternteil bist, ist es sehr schwer zu beurteilen, ob du ein guter Elternteil bist. Weil es abstrakt ist, bist du motiviert, dein Bestes zu geben, was in der Regel ein guter Ansatz ist, weil du mit der Zeit lernst und besser wirst.

Bei Geld hingegen kannst du zu jeder Stunde des Tages genau sehen, wie viel Geld du auf der Bank hast. Du kannst sehen, wann dein Geld steigt und wann es sinkt, und wenn du in ein Portfolio investierst, hast du die Möglichkeit, es Sekunde für Sekunde steigen und sinken zu sehen, wenn du das wirklich willst. Das bedeutet, dass du unter einem enormen Druck stehst, immer mehr zu verdienen, und dieser Druck kann dich unglücklich machen.

Die größte Ursache für die Misere sind jedoch die Erwartungen, die du hast. Je mehr du verdienst, desto mehr kaufst du und desto mehr begehrst du. Die Kosten für deinen Lebensstil steigen. Wenn jemand, der mit 1.000 Dollar im Monat auskommt, 10.000 Dollar im Monat verdienen würde, so würde er am Ende trotzdem alles ausgeben, was er verdient hätte, da er mehr kaufen würde.

So entsteht der Druck, immer mehr zu verdienen, um das Verlangen zu befriedigen, aber weil du in dieser Position bist, in der du nicht mehr Geld verdienst, bist du nicht glücklich und nicht zufrieden mit dem, was du hast. Dein Geist wird von der Jagd besessen. Dies wird als "Geldfalle" bezeichnet.

Die Geldfalle entsteht, wenn du dich so sehr auf das Geldverdienen und den Erwerb von Reichtum konzentrierst, dass du die Dinge vergisst, die dir wichtig sind. Du vernachlässigst vielleicht deine Beziehungen, deine Gesundheit und dein Glück, um dich darauf zu konzentrieren, mehr Geld zu verdienen.

In der Geldfalle zu sein bedeutet, dass du glaubst, dass mehr Geld all deine Probleme lösen und dich glücklich machen wird. Das ist jedoch nicht immer der Fall.

Wenn es dir gelingt, dir selbst und deinen Werten treu zu bleiben, wirst du mit deiner Reise viel zufriedener sein, weil du ein Leben verwirklichst, das dir entspricht, anstatt materiellen Dingen nachzujagen. Erinnere dich an das Konzept einer reichen oder armen Denkweise.

Um der Geldfalle zu entkommen, musst du dich auf die Dinge konzentrieren, die dir wichtig sind, und dich daran erinnern, warum du Geld verdienen willst. Du solltest dir auch Grenzen setzen, wie viel Geld du dir auf einmal erlauben kannst. Das bedeutet, dass du nicht zulassen solltest, dass Geld das Einzige ist, was für dich wichtig ist.

Das kann sich jedoch etwas abstrakt anfühlen, bis du einen

handlungsorientierten Ansatz gefunden hast, also werden wir uns jetzt darauf konzentrieren.

Der Geldfalle entkommen

Als ich anfing, Geld zu verdienen und mich langsam aus den Schulden zu befreien, tappte ich unbewusst in die Geldfalle. Geld zu haben war aufregend. Ich hatte plötzlich die Möglichkeit, Dinge zu kaufen, die ich mir vorher nie leisten konnte, und ich wollte mir etwas gönnen.

Es fing mit kleinen Dingen an, wie z. B. häufiger Essen zu gehen oder meinen Freunden in Bars Getränke zu kaufen. Es ging weiter mit teureren Dingen, wie dem Abschluss eines neuen, aber ziemlich teuren Telefonvertrags für ein schönes neues iPhone und dem vermehrten Ausgehen auf Partys und in Nachtclubs.

Damals war es mein langfristiges Ziel, ein Auto zu kaufen, an meiner Karriere zu arbeiten und eine Wohnung zu bekommen, um unabhängig zu sein und mich selbst versorgen zu können, aber die Inflation des Lebensstils (auf die wir gleich noch eingehen werden) hielt mich fest. Obwohl ich mehr verdiente, gab ich immer noch 95 % meines Einkommens aus, ohne an die Zukunft zu denken.

Weil ich all die kurzfristigen, genussvollen Dinge aufrechterhalten wollte, sandte ich Schwingungen an das

Universum aus, dass diese Dinge wichtiger und wertvoller seien, so dass ich mehr davon anzog und dies die Realität war, die ich manifestierte.

Wenn du dich auf die Dinge fokussierst, die dir wichtig sind, und dich daran erinnerst, dich auf sie zu fokussieren, ist die Wahrscheinlichkeit geringer, dass du in die Geldfalle gerätst. Du wirst anfangen, Geld als ein Werkzeug zu sehen, das dir helfen kann, deine Ziele zu erreichen, und nicht als etwas, das wichtiger ist als alles andere.

Technik #7: Wie du eine Inflation deines Lebensstils vermeidest

Einfach ausgedrückt: Bei der Inflation des Lebensstils gibst du mehr Geld aus, wenn du mehr verdienst, sodass du eigentlich genau dort bleibst, wo du in Bezug auf dein Vermögen aktuell bist, vor allem auf lange Sicht. Das kann viele Menschen überraschen, denn obwohl sie mehr verdienen als noch vor ein paar Jahren, haben sie immer noch keine Ersparnisse, und wenn eine unerwartete Rechnung auftaucht, haben sie Mühe, sie zu bezahlen.

Aber wie kann das der Fall sein, wenn sie doch mehr verdienen?

Nun, das ist die Inflation des Lebensstils in voller Wirkung. Schauen wir uns zwei Menschen und ihre durchschnittlichen Ausgaben an.

Ausgaben	Person 1	Person 2
Einkommen	$1,000	$10,000
Miete	$600	$4,000
Klamotten	$50	$500
Sparen	$0	$100
Essen und Rechnungen	$350	$3000
Persönlicher Luxus	$50	$3000

Wie du siehst, sind die Preise für die Ausgaben von Person 1 und Person 2 zwar sehr unterschiedlich, aber beide geben praktisch 100 % ihres Einkommens aus, weil sie materiellen Gütern den Vorrang einräumen. Person 1 kann sich kaum etwas leisten, während Person 2 zwar mehr verdient, aber einen großen Teil davon für Dinge wie teure Autokredite, Urlaube, schickes Essen und so weiter ausgibt.

Wenn eine der beiden Personen ihren Job oder ihr Geld verlieren würde, hätten beide nichts mehr und könnten ihren derzeitigen Lebensstil nicht aufrechterhalten. Diese Art zu leben ist nicht nachhaltig, weil sie sich auf Genuss und Gier konzentriert und nicht auf Reichtum. Keiner der beiden hat Reichtum, nur viele Dinge.

In gewisser Weise könnten die beiden genau dieselbe Person sein, nur ein paar Jahre auseinander und ein paar Beförderungen oder gute Arbeitsmöglichkeiten später. Weil ihre Einstellung nicht von einer armen zu einer reichen Denkweise gewechselt hat, hält die Lebensstilinflation sie dort, wo sie sind, und sie werden sich nie auf langfristige Ziele konzentrieren können, die ihnen einen Wert bieten. Stattdessen werden sie immer nach mehr streben.

Wenn wir hingegen Person 3 und Person 4 vorstellen, also jemanden, der an der gleichen Stelle wie Person 1 beginnt, aber in der Lage ist, eine reiche Denkweise anzunehmen und gleichzeitig eine Inflation des Lebensstils zu vermeiden, sieht die Tabelle etwas anders aus.

Ausgaben	Person 3	Person 4
Einkommen	$1,000	$10,000
Miete	$600	$1,500
Klamotten	$50	$100
Sparen	$0	$7000
Essen und Rechnungen	$350	$800
Persönlicher Luxus	$50	$800

Natürlich sind diese Zahlen nur Beispiele, aber du kannst sehen, dass diese Person mit 7.000 US-Dollar, die sie jeden Monat spart, über ein großes Vermögen verfügt, auf das sie zurückgreifen kann. Das bedeutet, dass sie nachhaltig Geld verdient, um für die Zukunft gewappnet zu sein und sich mehr auf das konzentrieren zu können, was ihrem Leben Wert verleiht.

Denke daran, dass reich sein bedeutet, wie viel Geld du hast, während wohlhabend sein bedeutet, wie lange du Geld haben kannst. Wohlhabend zu sein bedeutet, Zeit für die Dinge zu haben, die du liebst. Geld zu haben ist zwar wichtig, aber wahrer Reichtum geht darüber hinaus. Es geht darum, in allen Bereichen deines Lebens ein Gleichgewicht zu haben - körperlich, geistig, emotional und spirituell. Wenn du dieses Gleichgewicht hast, kannst du dich auf das konzentrieren, was wirklich wichtig ist, und du hängst weniger an materiellen Dingen.

Wie machst du das also?

1. Überprüfe deine Ausgabegewohnheiten.

Als Erstes solltest du dir proaktiv deine aktuellen Ausgabengewohnheiten notieren. Verfolge deine Ausgaben ein oder zwei Monate lang, damit du eine klare Vorstellung davon hast, wohin dein Geld fließt. So kannst du feststellen, in welchen Bereichen du zu viel ausgibst.

2. Erstelle ein Budget.

Sobald du weißt, wohin dein Geld fließt, ist es an der Zeit, ein Budget zu erstellen. Lege fest, wie viel du sparen musst und wie viel du dir jeden Monat leisten kannst, auszugeben. Auf diese Weise kannst du deine Ausgabeziele kontrollieren und einhalten.

3. Mache einen Plan.

Einen Haushaltsplan zu erstellen ist eine Sache, aber ihn auch tatsächlich einzuhalten, ist eine andere. Deshalb ist es wichtig, einen Plan zu haben - einen konkreten Fahrplan, der die Schritte beschreibt, die du unternehmen musst, um deine finanziellen Ziele zu erreichen. Wenn du Hilfe bei der Erstellung eines Plans brauchst, gibt es viele Online-Ressourcen, in denen du nachsehen kannst.

4. Achte auf deine Auslöser.

Wir alle haben Kaufanreize - Dinge, die uns dazu bringen, Geld auszugeben, auch wenn wir es nicht unbedingt brauchen. Vielleicht ist es ein neues Outfit, das dir ins Auge sticht, oder ein unwiderstehlicher Ausverkauf in deinem Lieblingsladen. Das Wichtigste ist, diese Auslöser zu erkennen und sie so gut wie möglich zu vermeiden.

5. Finde alternative Möglichkeiten, dich zu verwöhnen.

Es ist wichtig, dass du Spaß in deinem Leben hast, aber das bedeutet nicht, dass du dafür immer Geld ausgeben musst. Es gibt viele lustige und erschwingliche Aktivitäten, die du genießen kannst, ohne die Bank zu sprengen. Geh zum Beispiel im Park spazieren, schau dir zu Hause einen Film an oder mach ein Picknick mit Freunden.

6. Investiere in dich selbst.

Eines der besten Dinge, die du für deine finanzielle Gesundheit tun kannst, ist, in dich selbst zu investieren. Das bedeutet, dass du dein Wissen und dein Verständnis für finanzielle Angelegenheiten verbessern solltest. Es gibt viele gute Bücher und Artikel über persönliche Finanzen, die online und in Bibliotheken erhältlich sind. Außerdem gibt es viele kostenlose oder kostengünstige Kurse zur finanziellen Bildung, die online und von gemeinnützigen Organisationen angeboten werden.

7. Suche dir professionelle Hilfe.

Wenn du Schwierigkeiten hast, aus eigener Kraft aus der Geldfalle herauszukommen, solltest du dir professionelle Hilfe von einem qualifizierten Finanzberater holen. Er kann dir dabei helfen, ein Budget zu erstellen, Wege zu finden, deine Ausgaben zu reduzieren und deine finanziellen Ziele zu erreichen.

Indem du diese Aktionen durchführst, zeigst du dem Universum, dass es das ist, was du wirklich willst. Du zeigst, dass du achtsam mit deinen Ausgaben umgehen und nicht in die Geldfalle tappen willst. Du willst nicht nur materielle Güter kaufen, sondern in allen Bereichen deines Lebens wohlhabend sein und Geld als Werkzeug nutzen, um für deine Familie zu sorgen.

Selbst wenn du dich hinsetzt, um deinen Haushaltsplan zu

schreiben, und du nicht dazu kommst, 100% der Details auszuarbeiten, sendest du die Energie aus, dass du willst, dass diese Realität eintritt. Auch wenn du noch nicht jedes Detail deiner Zukunft oder deines Plans ausgearbeitet hast, wird sich das mit der Zeit ergeben, wenn sich diese Realität zu manifestieren beginnt.

Es braucht Zeit, Taten und Geduld, bis sich alles einstellt, aber wenn du den Prozess durchziehst, wird es passieren. Wenn du es schaffst, dein Leben auf diese Weise zu leben, kannst du der Falle entkommen und anfangen, auf eine positivere und sinnvollere Weise Geld zu verdienen.

KAPITEL 6

Die Sprache des Erfolgs

"Wenn du die Sprache änderst, mit der du über deine Ziele
sprichst, veränderst du die Chancen, sie zu erreichen."

- Tony Robbins

Wie sprichst du? Welche Worte verwendest du? Diese Frage
stellst du dir natürlich nicht sehr oft. Wenn du mit jemandem
sprichst und er oder sie antwortet, ist die Wahrscheinlichkeit
groß, dass du einfach deine Meinung sagst und über alles redest,
worüber du reden willst. Du unterhältst dich in Echtzeit,
vielleicht mit kleinen Pausen, um zu verarbeiten, was die andere
Person gesagt hat, und um eine Antwort zu formulieren.

Wenn du denkst, denkst du höchstwahrscheinlich über den
Inhalt der Gedanken nach und nicht über die Gedanken selbst,
oder genauer gesagt, darüber, wie diese Gedanken formuliert
sind.

Beim Gesetz der Anziehung sind die Worte, die du sprichst, und
die Worte, aus denen deine Gedanken bestehen, von größter

Bedeutung. Du könntest jede einzelne Technik in diesem Buch befolgen, aber wenn du diesen Punkt nicht befolgst, wäre alles umsonst, denn deine Sprache diktiert dir eine Realität, die nicht mit der übereinstimmt, die du willst.

Lass uns das mal aufschlüsseln.

Die Bedeutung der Sprache

Eines der kraftvollsten Bücher, die ich je gelesen habe, ist *"Die vier Übereinstimmungen"* von Don Miguel Ruiz. Basierend auf den Konzepten der Tolteken, einer uralten Kultur, die bis in die präkolumbianische Zeit Mesoamerikas zurückreicht, erklärt Ruiz, dass Worte magisch sind und dass die Worte, die du zu dir selbst sagst, die Worte, die du denkst, und die Worte, die du anderen gibst, so viel Macht haben.

Es geht um Wahlmöglichkeiten und Macht. Ich empfehle dir, dieses wunderbare Buch selbst zu lesen, aber die vier Vereinbarungen, die du auf den Seiten findest, sind folgende:

- Sei unbestechlich mit deinem Wort und verwende es nie gegen dich oder andere.

- Du kannst die Dinge nicht persönlich nehmen, wenn du ein starkes Selbstbewusstsein hast.

- Stelle Fragen, anstatt Annahmen zu treffen.

- Gib immer dein Bestes, auch wenn sich dein Bestes ändert.

Obwohl in jeder dieser Vereinbarungen eine gewisse Weisheit steckt, liegt unser Fokus auf der ersten. Was bedeutet sie also?

Nun, Worte sind magisch. Worte sind Macht. Die Art und Weise, wie du mit jemandem sprichst, und die Worte, die du verwendest, können jemanden verändern oder zerstören, je nachdem, was du sagst und wie du es tust.

Ein einfaches "Du schaffst das!" kann jemanden aus seiner dunklen Lage befreien, während ein "Bist du bitte still?" das Selbstwertgefühl und das Selbstvertrauen für Jahre zerstören kann. Das klingt vielleicht extrem, und das ist es auch.

Um dieses Konzept zu erklären, erzählt Ruiz die Geschichte einer Mutter und ihrer Tochter, die sich unterhalten. Die Mutter hat einen sehr stressigen Tag auf der Arbeit hinter sich und versucht, sich zu Hause zu entspannen. Ihre kleine Tochter kommt von der Schule nach Hause und singt mit einer unglaublichen, engelsgleichen Stimme. Die gestresste Mutter, die sich nicht wirklich aufmerksam verhält, sagt etwas in der Art von "Kannst du ruhig sein? Ich kriege Kopfschmerzen von dir".

Die Art und Weise, wie das gesagt wird, kann für ein Kind erdrückend sein und ist es meistens auch. Die Tochter wächst in dem Glauben auf, dass ihr Gesang anderen Leuten

Kopfschmerzen bereitet, und deshalb singt sie nicht und beraubt die Welt letztendlich ihrer schönen Stimme und hindert sich selbst daran, etwas zu tun, was sie liebt und genießt.

Das ist die Macht der Worte. Leichtsinniger Wortgebrauch kann langfristigen Schaden anrichten, und obwohl es in diesem Beispiel um zwei Menschen geht, gilt die gleiche Logik auch für die Art und Weise, wie du mit dir selbst sprichst.

Wie oft ertappst du dich dabei, dass du etwas sagst, das in etwa so klingt:

- Ich bin so dumm, das zu sagen und zu tun

- Ich kann das nicht tun, ich bin nicht gut genug

- Ich sehe heute so fett aus

- Ich bin viel zu schüchtern/ängstlich, um so etwas zu tun

- Ich wäre nie in der Lage, so zu überzeugen wie du

Jedes Mal, wenn du etwas in dieser Richtung sagst, triffst du eine Vereinbarung mit dir selbst. Du bestätigst damit, wie du über etwas denkst, weil du es als Tatsache darstellst, und dein Gehirn kennt den Unterschied zwischen einem leichtsinnigen Gedanken und einer Tatsache nicht. Es nimmt einfach nur all diese Informationen auf und verarbeitet sie.

Das Gesetz der Anziehung besagt, dass Gleiches Gleiches

anzieht und dass die Sprache/Magie/Vereinbarung, die du in das Universum aussendest, die Sprache ist, die du zurückbekommst.

Deine Sprache ersetzen

Um deine Wünsche zu verwirklichen, musst du klar und deutlich sagen, was du willst. Das bedeutet, dass du Worte verwendest, die mit deinem Ziel übereinstimmen, und sie laut aussprichst oder aufschreibst. Außerdem musst du darauf achten, dass du dich positiv ausdrückst, um zu zeigen, dass du selbstbewusst bist und fest an das glaubst, was du sagst.

Überlege dir, wie du dich vielleicht von Zeit zu Zeit im Spiegel betrachtest und denkst: "Oh, ich habe so viel zugenommen. Ich fühle mich wirklich unsicher." Beachte, dass du das mit Bestimmtheit sagst. Du siehst es und glaubst zu 100 % daran, aber jetzt stell dir vor, du sagst stattdessen: "Ich bin ein Magnet für Reichtum und Erfolg."

Bist du in der Lage, solche Aussagen mit der gleichen bewussten Gewissheit zu treffen? Wenn nicht, dann ist das nicht die Realität, die du manifestieren wirst. Wenn du heute sagen kannst: "Ich bin ein Magnet für Reichtum und Erfolg" und an dich glaubst, aber nächste Woche sagst du: "Ich bin so schlecht im Umgang mit meinem Geld und alles, was ich versuche zu sparen, funktioniert nicht", dann werden sich deine widersprüchlichen Aussagen aufheben.

In dieser Situation bleibst du an der gleichen Stelle stecken, ohne Fortschritte zu machen. Wenn du mehr negative als positive Formulierungen verwendest, wirst du dich rückwärts bewegen und immer mehr Probleme bekommen.

Deshalb ist es wichtig, dass du dir angewöhnst, bejahende Aussagen wie "Ich bin zuversichtlich", "Ich bin gesund und voller Vitalität" oder "Ich ziehe Reichtum und Fülle in mein Leben" zu verwenden. Je öfter du solche Sätze verwendest, desto vertrauter werden sie dir und desto natürlicher fühlt es sich an, sie zu sagen. Je vertrauter du mit diesen Sätzen wirst, desto mehr wirst du merken, dass sich deine Überzeugungen ändern und du merkst, dass das Gesetz der Anziehung in deinem Leben wirkt.

Negative Selbstgespräche sind ein weit verbreitetes Hindernis, das Menschen davon abhält, ihre Ziele zu erreichen und ihre Wünsche zu verwirklichen. Wenn du in einem Kreislauf des negativen Denkens feststeckst, ist es an der Zeit, deine Sprache bewusst zu ändern und Worte der Positivität und Kraft zu verwenden. Denke daran: Deine Gedanken werden zu deiner Realität, also wähle sie weise!

Du kannst dir das ganz einfach merken, indem du es vermeidest, negativ besetzte Ausdrücke wie "kann nicht", "werde nicht" und "mache nicht" zu verwenden, wenn du über deine Ziele sprichst. Wenn du solche Ausdrücke verwendest, sagst du dem Universum, dass du nicht an dich glaubst und nicht zuversichtlich bist.

Die Macht der Affirmationen

Wir alle haben schon Situationen erlebt, in denen jemand etwas Unheimliches tun wollte. Das kann eine Rede vor einer großen Menschenmenge sein, ein Bungee-Sprung, jemanden um ein Date zu bitten, zu versuchen, einen Trick oder einen Stunt auszuführen oder ein Vorstellungsgespräch. Was tun Menschen in diesen Situationen instinktiv, um sich aufzuputschen?

Sie sagen Affirmationen auf. Sie reden mit sich selbst. Vielleicht murmeln sie etwas vor sich hin wie "Ich schaffe das" oder "Du schaffst das, dafür hast du trainiert!" Mit diesen Affirmationen versetzen sich die Menschen in die Lage, das zu erreichen, was sie erreichen wollen.

Denn wenn du dir nicht selbst sagst, dass du etwas tun wirst, wirst du es auch nicht tun. Das Gegenteil ist auch wahr.

In meinem eigenen Leben habe ich täglich Affirmationen verwendet, um mich in einen Geisteszustand zu versetzen, in dem ich mich auf das konzentriere, was ich tun und erreichen will. Auf diese Weise sende ich kontrollierte Energie in das Universum, um das zu erreichen, was ich will. Wenn ich zum Beispiel heute fünf Seiten dieses Buches schreiben will, sage ich etwas wie:

"Ich bin kreativ und lasse die Worte ganz natürlich aus meinem Kopf fließen"

"Ich bin fokussiert und zielstrebig, wenn es darum geht, meine Ziele zu erreichen"

"Ich habe alle Energie, die ich brauche, um zu erschaffen und hart zu arbeiten"

Indem ich sie denke, laut ausspreche und vor allem aufschreibe, sende ich eine Anweisung an das Universum, was ich erreichen möchte. Und da das Universum immer zuhört, wird es sein Bestes tun, um mir das zu geben, worum ich gebeten habe.

Es geht nicht nur darum, diese Affirmationen zu denken oder zu sagen, du musst wirklich daran glauben. Wenn du nicht daran glaubst, dass du das erreichen kannst, was du dir vorgenommen hast, wird das Universum diesen Mangel an Glauben spüren und es wird nicht funktionieren. Je mehr Überzeugung und Glauben du in deine Affirmationen steckst, desto besser werden sie funktionieren.

Wie kannst du also Affirmationen in deinem Leben einsetzen, um zu bekommen, was du willst? Das ist eigentlich ganz einfach.

Tiefes Eintauchen in Affirmationen

Affirmationen sind Aussagen, die du dir täglich vorsprichst. Sie sollen dir helfen, deine Denkweise über dich und deine Ziele zu ändern. Wenn du Affirmationen aufsagst, sagst du dir selbst, dass du deine Ziele erreichen kannst und dass du von dir überzeugt bist.

Affirmationen können hilfreich sein, um deine Ziele zu erreichen, weil sie dazu beitragen, dass du anders über dich denkst. Wenn du anfängst, an dich und deine Fähigkeiten zu glauben, ist es wahrscheinlicher, dass du deine Ziele erreichst.

Affirmationen können dir auch helfen, positive Energie anzuziehen und deine Ziele schneller zu erreichen. Wenn du dich auf deine Ziele fokussierst und positive Energie um dich herum hast, ist es wahrscheinlicher, dass du sie erreichst.

Wenn du deine Ziele mit Hilfe von Affirmationen erreichen willst, musst du sie täglich aufsagen. Das bedeutet, dass du sie morgens und abends aufsagen solltest und immer dann, wenn du das Gefühl hast, dass du einen Vertrauensschub brauchst.

Technik #8: Affirmationen verwenden, um deine Wünsche zu manifestieren

Der erste Schritt ist herauszufinden, was du willst. Was ist dein

Ziel? Was ist dein Wunsch? Sei so konkret wie möglich.

Als nächstes schreibst du deine Affirmationen auf. Achte darauf, dass sie im Präsens stehen und positiv formuliert sind. Schreibe zum Beispiel nicht "Ich werde nicht versagen". Schreibe stattdessen "Ich bin zuversichtlich und erfolgreich".

Der Schlüssel ist, diese Affirmationen so oft wie möglich zu wiederholen. Je öfter du sie wiederholst und je überzeugter du davon bist, desto mehr Energie sendest du in das Universum aus und desto ernsthafter wirst du anziehen, was du willst.

Du kannst sie laut aussprechen, du kannst sie vor dich hinmurmeln oder du kannst sie in ein Notizbuch schreiben und immer wieder lesen.

Eine weitere gute Möglichkeit, Affirmationen zu verwenden, ist, dich selbst beim Sprechen aufzunehmen und dir die Aufnahme dann so oft wie möglich vorzuspielen. Das ist besonders effektiv, wenn du Schwierigkeiten hast, selbst an die Affirmationen zu glauben.

Wenn du das tust, solltest du wirklich Gefühl und Emotionen in deine Stimme legen. Je mehr Gefühl du einbringen kannst, desto besser. Das hilft deinem Unterbewusstsein, die Affirmationen zu verinnerlichen und an sie zu glauben.

Eine fantastische Art, sich daran zu erinnern, wie wichtig Wiederholungen sind, stammt von meinem alten

Kampfsportlehrer. Es gibt eine bekannte Theorie von Malcolm Gladwell, einem Journalisten und Schriftsteller, der die "10.000-Stunden-Regel" populär gemacht hat, die besagt, dass du etwas 10.000 Stunden lang üben musst, um ein Meister darin zu werden, egal was du tun willst.

Aber dieses Konzept gibt es schon seit langer Zeit. Wenn du dir uralte Mönche in den Bergen Nepals vorstellst, die in einer Reihe in meditativen Posen stehen oder jeden Tag stundenlang still sitzen, dann tun sie das, um ein bestimmtes Ziel zu erreichen.

Mein Kampfkunstlehrer hatte eine ähnliche Idee: Er sagte, du musst etwas zehnmal üben, um es zu verstehen, 100-mal, um es zu lernen, 1.000-mal, um es gut zu können, und 10.000-mal, um es zu beherrschen.

Das gleiche Konzept gilt für Affirmationen. Wenn du etwas zehnmal sagst, begreifst du es, aber wenn du es 10.000-mal sagst, wird es zweifellos zu deiner Wahrheit. Und das funktioniert in beide Richtungen. Wenn du dir dein Spiegelbild ansiehst und dir sagst, dass dir das, was du siehst, nicht gefällt, und das möglicherweise hunderte Male am Tag, dann ist es das, was du bestätigst, und die Realität, die du manifestierst.

Übernimm stattdessen die Kontrolle über deine Gedanken, bemerke, wenn du negative Aussagen bestätigst und arbeite daran, sie loszulassen. Übe proaktiv deine positiven Affirmationen und rufe sie aus.

Untersuchungen haben ergeben, dass wir im Durchschnitt 6.000 Gedanken pro Tag haben. Deshalb ist es wichtig zu erkennen, welchen Einfluss diese Gedanken auf dein Leben haben und wohin sie dich führen.

Technik #9: Wie du kraftvolle positive Affirmationen erstellst

Es ist wichtig, dass du beim Manifestieren eine klare und prägnante Sprache verwendest. Wie kannst du also die Affirmationen formulieren, mit denen du arbeiten willst?

Es ist eigentlich ganz einfach. Du musst darauf achten, dass du affirmative Aussagen im Präsens verwendest. Sage zum Beispiel nicht: "Ich werde reich sein". Sage stattdessen: "Ich bin reich."

Achte darauf, dass deine Affirmationen etwas sind, an das du glauben kannst. Wenn du nicht an sie glaubst, wird es auch dein Unterbewusstsein nicht tun, und es wird nicht funktionieren. Achte also darauf, dass sie für dich realistisch sind.

Schließlich solltest du deine Affirmationen kurz und prägnant halten. Je kürzer sie sind, desto leichter kannst du sie dir merken und desto mehr Überzeugung kannst du in sie legen, wenn du sie wiederholst.

Einige Beispiele für kraftvolle Affirmationen, die du verwenden kannst, sind:

- Ich bin gesund und glücklich.

- Ich liebe mein Leben und ich bin dankbar für alles, was ich habe.

- Ich bin von positiven, gleichgesinnten Menschen umgeben.

- Ich ziehe Fülle und Erfolg in mein Leben.

- Ich verdiene Liebe, Glück und alle guten Dinge.

Das sind nur ein paar Beispiele, aber du kannst jede Affirmation verwenden, die dich anspricht und an die du glauben kannst. Das Wichtigste ist, dass du dir Zeit und Mühe gibst, sie regelmäßig zu wiederholen.

Es ist immer wichtig, herauszufinden, was für dich funktioniert. Meine Definition von Wohlstand kann sich von deiner unterscheiden. Deshalb musst du dir Zeit nehmen, um klar zu beschreiben, was du willst und was die Sprache für dich und deine Vorstellungen bedeutet.

Technik #10: Negative Gedanken durch positive Gedanken ersetzen

Während du proaktiv daran arbeiten willst, positive Affirmationen in dein Leben zu bringen und sie zu einem täglichen Bestandteil deines Lebens zu machen (mehr dazu im nächsten Abschnitt), musst du daran arbeiten, die negativen Affirmationen, die dir durch den Kopf gehen, zu identifizieren und abzuschalten.

Diese negativen Affirmationen können z. B. alles Mögliche sein:

- Ich bin nicht gut genug.

- Ich werde meine Träume nie verwirklichen.

- Ich verdiene kein Glück.

- Ich bin nicht liebenswert.

und so weiter.

Das Problem ist, dass es sich dabei um Gedanken handeln könnte, die du schon seit Jahren bestätigst, so dass sie zur Gewohnheit geworden sind und du dir ihrer gar nicht mehr bewusst bist.

Das heißt aber nicht, dass sie sich nicht negativ auf dein Leben auswirken. Wahrscheinlich haben sie sogar einen noch größeren

Einfluss, weil du dich so sehr an sie gewöhnt hast und sie ein wichtiger Teil deines Glaubenssystems geworden sind.

Um diese negativen Affirmationen zu erkennen, nimm dir zunächst etwas Zeit, um in dich zu gehen und nachzudenken. Überprüfe dich im Laufe des Tages regelmäßig selbst und höre auf deinen inneren Dialog. Wenn du dich dabei ertappst, wie du etwas Negatives denkst, geh einen Schritt zurück und versuche herauszufinden, woher dieser Gedanke kommt.

Ist es etwas, das in der Realität begründet ist, oder ist es nur ein allgemeines Gefühl? Sobald du die Quelle dieser negativen Gedanken identifiziert hast, kannst du daran arbeiten, sie loszulassen. Oft beruhen diese Gedanken auf Ängsten oder vergangenen Erfahrungen, die nicht mehr relevant sind, deshalb ist es wichtig, sie loszulassen.

Eine gute Methode ist, sie auf ein Stück Papier zu schreiben und es dann zu zerreißen oder zu verbrennen, um sie loszulassen. Du kannst auch daran arbeiten, diese negativen Gedanken in positive Gedanken umzuwandeln. Wenn du dich zum Beispiel dabei ertappst, dass du denkst: "Ich bin nicht gut genug", versuche, diesen Gedanken durch "Ich verdiene Liebe und Glück" zu ersetzen.

Es kann eine Weile dauern, bis du dich an diese neue Art zu denken gewöhnt hast, aber irgendwann werden dir diese positiven Affirmationen zur zweiten Natur werden. Es braucht

Zeit und viel Aufmerksamkeit, weil du dein Gehirn buchstäblich neu verdrahtest, aber wenn du täglich an diesem Prozess arbeitest, wirst du erfolgreich sein.

Technik #11: Wie man eine tägliche Affirmationsroutine entwickelt

Okay, jetzt, wo du weißt, was Affirmationen sind und wie du die positiven und negativen Affirmationen in deinem Leben erkennst, ist es an der Zeit, eine regelmäßige Affirmationsroutine zu entwickeln.

Du musst dieses Training bewusst angehen, denn die Ergebnisse werden nicht über Nacht sichtbar sein. Du versuchst, dir eine neue Gewohnheit anzueignen, was Zeit, Mühe und Beständigkeit erfordert.

Hier sind ein paar Tipps, die dir den Einstieg erleichtern:

1. Wähle Affirmationen, die dich ansprechen

Es ist wichtig, dass du Affirmationen auswählst, die dich wirklich ansprechen. Wenn du sie nicht verinnerlicht hast, wird es viel schwieriger sein, sie in deinen Alltag zu integrieren.

Um Affirmationen zu finden, die zu dir passen, solltest du zunächst eine Liste mit Dingen erstellen, an denen du arbeiten oder die du in deinem Leben verwirklichen möchtest. Sobald du diese Liste hast, suchst du nach Affirmationen, die mit diesen Zielen übereinstimmen.

Wenn du zum Beispiel mehr Fülle in deinem Leben manifestieren willst, könntest du Affirmationen wählen wie "Ich bin der Fülle würdig" oder "Ich bin offen dafür, alles Gute zu empfangen, was das Leben zu bieten hat".

2. Mache sie zu einem Teil deiner täglichen Routine

Eine der besten Methoden, um etwas zur Gewohnheit zu machen, ist, es in deinen Tagesablauf zu integrieren. Das macht es viel einfacher, weil du nicht versuchst, etwas Neues in dein Leben zu zwingen, sondern es einfach in eine Zeit einbaust, die bereits für etwas anderes genutzt wird.

Wenn du dir zum Beispiel morgens immer als Erstes die Zähne putzt, kannst du dabei auch eine kurze Affirmation einbauen. Ein Post-It-Zettel an deinem Spiegel, den du jeden Morgen liest, ist eine gute Möglichkeit, um dich an diesen Prozess zu erinnern.

Nimm dir ein oder zwei Minuten Zeit, um deine Affirmationen laut auszusprechen (oder in deinem Kopf, wenn du dich dabei nicht wohl fühlst) und konzentriere dich darauf, sie zu glauben.

3. Wiederholen, wiederholen, wiederholen

Wiederholung ist der Schlüssel, wenn es darum geht,

Affirmationen zu einem Teil deines Lebens zu machen. Je öfter du sie sagst, desto leichter fällt es dir, sie zu glauben. Hab also keine Angst, sie den ganzen Tag über zu wiederholen.

Du kannst sie sagen, wann immer du Zeit hast, z. B. wenn du duschst, das Abendessen kochst oder eine Pause auf der Arbeit machst. Du kannst sogar mehrmals am Tag eine Erinnerung auf deinem Handy einstellen, damit du es nicht vergisst.

4. Sei geduldig

Die Entwicklung einer regelmäßigen Affirmationspraxis ist die Schaffung einer neuen Gewohnheit. Und wie wir alle wissen, braucht die Entwicklung neuer Gewohnheiten Zeit. Sei also geduldig mit dir selbst und lass dich nicht entmutigen, wenn du nicht sofort Ergebnisse siehst.

Bleib einfach dran und irgendwann wird es dir zur zweiten Natur werden. Vertrau mir, die Mühe lohnt sich!

5. Beständig sein

Der letzte (und wohl wichtigste) Tipp ist, dass du deine Affirmationen konsequent anwenden solltest. Das bedeutet, dass du dich verpflichtest, es jeden Tag zu tun, egal was passiert.

Natürlich wird es Tage geben, an denen du zu beschäftigt oder zu müde bist oder einen Tag ausfallen lässt. Das ist völlig in Ordnung. Mach einfach da weiter, wo du aufgehört hast, und mach dich nicht verrückt deswegen. Die Tatsache, dass du diesen Prozess durchläufst, ist eine weitere Möglichkeit, dem Universum mitzuteilen, dass du es ernst meinst und die Realität erschaffst, nach der du dich sehnst.

Bemühe dich regelmäßig darum, Affirmationen zu einem Teil deines Lebens zu machen. Wenn du das schaffst, bist du auf dem besten Weg, deine tiefsten Wünsche zu verwirklichen.

Technik #12: Wie du mit Affirmationen Reichtum anziehst

Um das alles mit dem Hauptthema dieses Buches zu verbinden, möchte ich kurz darauf eingehen, wie du Affirmationen nutzen kannst, um Reichtum anzuziehen.

Du kannst Affirmationen für so gut wie alles verwenden, aber sie sind besonders wirkungsvoll, wenn es darum geht, Geld zu manifestieren. Das liegt daran, dass unsere Überzeugungen in Bezug auf Geld oft von klein auf in uns verankert sind. Durch die Kraft der Affirmationen und die Sprache, die du verwendest, wenn du über Geld denkst und sprichst, kannst du die Dinge erheblich verändern.

Wenn du zum Beispiel mit Aussagen wie "Geld wächst nicht auf Bäumen" oder "Das können wir uns nicht leisten" aufgewachsen bist, ist es wahrscheinlich, dass du diese Überzeugungen verinnerlicht hast und sie sich darauf auswirken, wie du als Erwachsener über Geld denkst und damit umgehst.

Wir wissen zwar alle, dass Geld nicht auf Bäumen wächst, aber es ist trotzdem ein einschränkender Glaube, weil du glaubst, dass Geld begrenzt ist, obwohl es das nicht ist. Geld ist überall. Du musst nur offen genug sein, um es zu empfangen und es zu dir kommen zu lassen.

Ein sehr häufiges Beispiel dafür ist, dass Menschen eine negative Einstellung zu Rechnungen haben. Es mag seltsam klingen, und ich habe auch eine Weile gebraucht, um das zu begreifen, aber eine Rechnung zu bezahlen, vor allem wenn es sich um einen Kredit oder ein Darlehen handelt, das du aufgenommen hast, kann sich demoralisierend anfühlen. Dies ist jedoch ein gutes Beispiel für eine schlechte Einstellung.

Stattdessen ist die Bezahlung einer Dienstleistung, die du nutzt, ein Zeichen dafür, dass du fähig und finanziell gesund bist. Der Kreditgeber hat darauf vertraut, dass du in der Lage bist, den Kredit zu verwalten und die Rückzahlungen zu leisten, und das ist ein Zeichen dafür, dass du mit deinen Finanzen umgehen kannst und verantwortungsbewusst bist. Das ist die Art von Einstellung, die du in deinen Affirmationen zum Ausdruck bringen musst.

Denn wenn du negative Glaubenssätze über Geld hast, wird es

sehr schwierig sein, mehr davon in dein Leben zu bringen. Wenn du negative Energie aussendest, wenn es um Geld geht, wirst du genau das zurückbekommen.

Mit positiven Affirmationen kannst du anfangen, deine Überzeugungen zu verändern und dich auf den Weg machen, mehr Reichtum anzuziehen.

Um dir den Einstieg zu erleichtern, findest du hier ein paar meiner liebsten Wohlstandsaffirmationen:

- Ich bin des Überflusses würdig.

- Ich bin offen dafür, all das Gute zu empfangen, das das Leben zu bieten hat.

- Ich gehe verantwortungsvoll mit Geld um.

- Ich bin dankbar für all das Geld, das ich in meinem Leben habe.

- Ich kann ein solides finanzielles Fundament für mich aufbauen.

- Meine Finanzen verbessern sich.

- Es ist mir erlaubt, Geld zu haben.

- Ich treffe intelligente Entscheidungen mit meinem Geld.

- Ich gebe verantwortungsbewusst aus und bin froh darüber.

- Ich bin in der Lage, meine Ausgabenimpulse zu kontrollieren.

- Ich genieße es, mein Geld richtig zu verwalten.

- Ich fühle mich wohl, wenn ich mein Geld gut verwalte.

- Ich bin es wert, Geld zu haben.

- Geld fällt mir leicht.

- Geld wird mühelos zu mir gezogen.

- Ich vertraue mir selbst genug, um gute finanzielle Entscheidungen zu treffen.

- Das Einkommen kommt über verschiedene Kanäle zu mir.

- Reichtum ist ein solider und verlässlicher Teil meiner Lebenserfahrung.

- Ich ziehe Reichtum und Erfolg leicht und mühelos an.

- Mein Leben ist reich und erfüllend.

- Ich verdiene es, wohlhabend und erfolgreich zu sein.

Dies ist eine schöne große Liste von Affirmationen, die du als Grundlage für deine eigenen verwenden kannst. Je nachdem, worauf du dich konzentrierst und was dir wichtig ist, kannst du sie verwenden oder deine eigenen erstellen. Der Trick ist, wie bei jedem Aspekt des Gesetzes der Anziehung, sich so kurz wie möglich zu fassen.

Es hilft wirklich, dir einen Moment Zeit zu nehmen, um über dein Leben nachzudenken, um zu sehen, was dir wirklich wichtig ist, um zu erkennen, womit du kämpfst, und dann Affirmationen zu erstellen, die deine Ziele und Wünsche widerspiegeln. Wenn du zum Beispiel damit kämpfst, deine Schulden abzubezahlen, kannst du mit Affirmationen nicht nur sicherstellen, dass du deine Schulden im Griff hast und verantwortungsbewusste finanzielle Entscheidungen triffst, sondern auch, dass du dir im Kopf darüber im Klaren bist, dass das Geld auf dich zukommt.

Es ist wichtig, dass du die Emotionen hinter den Affirmationen wirklich spürst, während du sie sagst. Nimm dir also einen Moment Zeit, schließe die Augen und stell dir vor, du hättest dein Ziel, mehr Reichtum in dein Leben zu ziehen, bereits erreicht. Fühle wirklich, wie das wäre, und lass dich von diesen positiven Gefühlen leiten, wenn du die Affirmationen sprichst.

Von hier aus ist die Technik ganz einfach. Schreibe einfach drei bis fünf Affirmationen auf, auf die du dich fokussieren willst, und wiederhole sie zweimal am Tag für drei bis fünf Minuten.

Du kannst das tun, während du selbst meditierst, oder du kannst eine geführte Meditation nutzen, die deine Affirmationen widerspiegelt. Du kannst sie in deinem Kopf sagen, aber es ist besser, wenn du sie laut aussprichst oder sie immer wieder aufschreibst.

Du wirst sehen, dass die Veränderungen schnell eintreten, denn du stellst dein Gehirn buchstäblich auf eine andere Denkweise ein und sendest eine andere, bewusste Energie an das Universum aus, die du zurückbekommst. Wenn du vor der Wahl stehst, wird dein Verstand in der Lage sein, die beste Entscheidung zu treffen, die dir nützt. Du kannst immer bei denselben Affirmationen bleiben oder sie nach einer Woche ändern, um zu reflektieren, worauf du dich gerade fokussierst.

Wenn du regelmäßig Affirmationen übst, wirst du merken, wie sich deine Überzeugungen und dein Verhältnis zu Geld verändern. Und wenn sich deine Überzeugungen ändern, wirst du auch mehr Anzeichen von Reichtum in deinem Leben sehen.

Unterschätze also nicht die Macht der Affirmationen, um Reichtum in dein Leben zu bringen!

KAPITEL 7

Limitierende Glaubenssätze loswerden

Wir haben eine Menge Informationen und Techniken zum Gesetz der Anziehung behandelt, aber es lohnt sich, eines der Probleme zu erwähnen, die in deiner Praxis immer wieder auftauchen werden. Es spielt keine Rolle, wie viel Arbeit du in deine positiven Affirmationen und Handlungen steckst, solange du einschränkende Glaubenssätze besitzt, die du nicht ansprichst und an deren Heilung und Überwindung du nicht arbeitest. Solange du diese limitierenden Gedankengänge hast, wirst du stecken bleiben.

Begrenzende Glaubenssätze sind eines der größten Hindernisse auf dem Weg zu deinen Zielen. Sie halten dich davon ab, deine Ziele zu erreichen, und beinhalten Gedanken wie "Ich bin nicht gut genug" oder "Ich kann das nicht".

Begrenzende Glaubenssätze können deinen Erfolg sabotieren und dich davon abhalten, deine Ziele zu erreichen. Um deine

Ziele zu erreichen, musst du dich von allen einschränkenden Glaubenssätzen befreien, die dich zurückhalten. Lass uns das erforschen.

Was sind limitierende Glaubenssätze?

Ein Glaubenssatz ist nur ein Gedanke, den du immer wieder denkst. Ein einschränkender Glaube ist ein negativer Gedanke, der dich daran hindert, deine Ziele zu erreichen.

Nehmen wir zum Beispiel an, du möchtest einen neuen Job bekommen, glaubst aber, dass du nicht gut genug oder qualifiziert genug dafür bist. Auch wenn du perfekt für die Stelle qualifiziert bist und alles richtig gemacht hast, werden dich deine einschränkenden Glaubenssätze davon abhalten, deine Bewerbung einzureichen.

Dein Geist ist ein sehr mächtiges Werkzeug, und was du glaubst, wird letztendlich zu deiner Realität.

Eines der besten Beispiele für einen einschränkenden Glauben ist das Sprichwort vom Elefanten im Zirkus. Wenn der Zirkus den Elefanten als Baby bekommt, bindet er ihn an einen Pfahl, wo er sich nicht bewegen kann. Egal, wie sehr der Elefant versucht, an dem Pfahl zu ziehen, er ist gefesselt.

Mit der Zeit gibt der Elefant auf und versucht nicht mehr zu fliehen, weil er glaubt, dass er gefesselt ist. Doch als der Elefant älter und größer wird, gibt es keinen Zweifel mehr daran, dass er die Kraft und die Muskeln hat, die er braucht, um den winzigen Pfahl, der ihn einst festhielt, hochzuziehen.

Da der Elefant jedoch fest daran glaubt, dass der Pfahl ihn festhält - ein Glaube, der sich über Jahre hinweg entwickelt hat -, wird er nicht einmal versuchen zu fliehen. Dabei bräuchte der Elefant nur zu versuchen, den Pfahl aus dem Boden zu ziehen, und er wäre frei.

In deinem Leben hast du vielleicht einen Glauben, der dich zurückhält, aber das heißt nicht, dass er wahr ist. Nur weil du etwas glaubst, ist es noch lange nicht wahr.

Wie entstehen limitierende Glaubenssätze?

Die meisten unserer einschränkenden Glaubenssätze werden in der Kindheit gebildet. Sie sind meist das Ergebnis von etwas, das uns passiert ist und das wir negativ interpretiert haben.

Nehmen wir zum Beispiel an, dir wurde ständig gesagt, dass du dumm bist. Infolgedessen wächst du in dem Glauben auf, dass du dumm bist und es im Leben nie zu etwas bringen wirst.

Solche Erfahrungen können unser Leben tiefgreifend beeinflussen und unser Selbstverständnis prägen.

Manchmal sind unsere einschränkenden Überzeugungen das Ergebnis von äußeren Einflüssen wie den Medien oder dem, was wir in den sozialen Medien sehen. Wir sehen vielleicht jemanden, der erfolgreich ist, und denken uns: "Ich könnte nie so sein" oder "Ich könnte nie das haben, was sie haben".

Diese äußeren Einflüsse können auch unsere Überzeugungen über uns selbst und unsere Fähigkeiten prägen.

Egal, wie deine einschränkenden Überzeugungen entstanden sind, sie halten dich davon ab, deine Ziele zu erreichen, und es ist wichtig, sie loszuwerden.

Technik #13: Identifiziere deine limitierenden Glaubenssätze

Der erste Schritt zur Überwindung deiner einschränkenden Glaubenssätze ist es, diese zu erkennen. Vielleicht bist du dir gar nicht bewusst, dass du sie hast. Sobald du in der Lage bist, deine limitierenden Glaubenssätze zu erkennen, kannst du daran arbeiten, sie zu ändern.

Es gibt ein paar Möglichkeiten, deine einschränkenden Glaubenssätze zu erkennen:

- Achte auf deine Selbstgespräche: Die Dinge, die du regelmäßig zu dir selbst sagst, sind ein wichtiger Hinweis auf deine einschränkenden Überzeugungen. Wenn du dich dabei ertappst, dass du regelmäßig Dinge sagst wie "Ich kann das nicht" oder "Ich bin nicht gut genug", sind das wahrscheinlich einige deiner einschränkenden Überzeugungen.

- Achte auf deine Gefühle: Auch deine Gefühle können dir Hinweise auf deine einschränkenden Überzeugungen geben. Wenn du dich durch etwas verängstigt fühlst, ist das ein Zeichen dafür, dass sich dahinter ein einschränkender Glaubenssatz verbergen könnte.

- Achte auf deine Ergebnisse: Eine weitere Möglichkeit, deine einschränkenden Überzeugungen zu erkennen, ist ein Blick auf deine Ergebnisse. Wenn du im Leben nicht die Ergebnisse erzielst, die du dir wünschst, ist das ein guter Hinweis darauf, dass dich vielleicht etwas zurückhält.

Wenn du einige deiner einschränkenden Überzeugungen erkannt hast, ist es an der Zeit, daran zu arbeiten, sie zu ändern.

Technik #14: Wie du deine limitierenden Glaubenssätze änderst

Wenn du dir über die Glaubenssätze, die dich zurückhalten, im Klaren bist, kannst du daran arbeiten, sie zu ändern.

Es gibt ein paar Möglichkeiten, deine einschränkenden Glaubenssätze zu ändern:

- **Verwende positive Affirmationen**: Positive Affirmationen sind ein guter Weg, um deine einschränkenden Überzeugungen zu ändern. Indem du positive Aussagen über dich und deine Fähigkeiten wiederholst, kannst du deinen Verstand umprogrammieren und die Art und Weise ändern, wie du über dich denkst.

- **Visualisiere, wie du deine Ziele erreichst**: Eine weitere Möglichkeit, deine einschränkenden Überzeugungen zu ändern, ist es, dir vorzustellen, wie du deine Ziele erreichst. Wenn du siehst, wie du erfolgreich bist, fällt es dir leichter zu glauben, dass du deine Ziele tatsächlich erreichen kannst. Das hilft, negative Selbstgespräche oder Zweifel zu überwinden, die dich vielleicht zurückhalten.

- **Setze dich für deine Ziele ein**: Eine gute Möglichkeit, deine limitierenden Glaubenssätze zu ändern, ist es, deine Ziele in Angriff zu nehmen. Wenn du aktiv wirst und Fortschritte machst, fällt es dir leichter zu glauben, dass du deine Ziele tatsächlich erreichen kannst. Das stärkt dein Selbstvertrauen und beseitigt alle Zweifel, die dich vielleicht zurückhalten.

Die Beseitigung von einschränkenden Glaubenssätzen ist ein

wichtiger Schritt, um deine Ziele zu erreichen. Wenn du dich von den Glaubenssätzen, die dich zurückhalten, befreist, öffnest du dich für neue Möglichkeiten. Du kannst alles erreichen, was du dir vornimmst, wenn du an dich selbst glaubst und dich auf deine Ziele fokussierst.

Limitierende Glaubenssätze in Bezug auf Reichtum und Erfolg

Es gibt viele einschränkende Glaubenssätze, wenn es um Reichtum und Erfolg geht. Die Menschen denken oft, dass sie, um reich zu werden, ihre Zeit mit Familie und Freunden aufgeben müssen oder dass sie das Leben nicht mehr genießen können. Das ist einfach nicht wahr!

Du kannst glücklich sein, ohne wohlhabend oder erfolgreich zu sein. Es ist wichtig, dass du dich auf das fokussierst, was du im Leben erreichen willst. Lasse nicht zu, dass deine aktuellen Umstände dein Glück bestimmen.

Was sind deine einschränkenden Glaubenssätze in Bezug auf Reichtum? Was sind deine einschränkenden Glaubenssätze in Bezug auf Erfolg? Bist du bereit, hart daran zu arbeiten, sie zu überwinden?

Ein weit verbreiteter, einschränkender Glaube ist, dass du deine gesamte Freizeit aufgeben musst, wenn du erfolgreich oder wohlhabend sein willst. Wie willst du denn sonst die Zeit finden, um all das aufzubauen, was du dir vorgenommen hast, sei es ein Unternehmen zu gründen oder Geld zu sparen? Das ist ein weit verbreiteter Glaube, der von der Gesellschaft vermittelt wird.

Die Wahrheit ist, dass du deine Freizeit nicht aufgeben musst, um wohlhabend oder erfolgreich zu sein. Im Gegenteil, wenn du deine Freizeit opferst, kann das sogar zu noch mehr Problemen auf dem Weg führen. Wenn du keine Hobbys oder Aktivitäten außerhalb der Arbeit hast, kannst du dich ausgebrannt und verärgert fühlen. Das kann zu Unzufriedenheit im Job führen, was sich langfristig auf deinen Wohlstand und Erfolg auswirken wird.

Es ist wichtig, daran zu denken, dass Reichtum und Erfolg nicht gleichbedeutend sind. Du kannst wohlhabend sein, ohne erfolgreich zu sein, und andersherum. Es ist zwar toll, beides zu haben, aber nicht notwendig, um glücklich zu sein. Wenn du also in einem Trott feststeckst, solltest du dir etwas Zeit für dich nehmen und dich auf dein Glück konzentrieren. Das ist schließlich das Wichtigste im Leben!

Der knifflige Teil besteht darin, zu verstehen und zu erkennen, was deine eigenen einschränkenden Glaubenssätze in Bezug auf Reichtum und Erfolg sind. Das kann schwierig sein, denn oft sind sie unbewusst. Wenn du sie aber erst einmal erkannt hast, kannst du daran arbeiten, sie zu überwinden.

Zu den häufigsten einschränkenden Glaubenssätzen in Bezug auf Reichtum und Erfolg gehören:

- Ich werde nie gut genug für Reichtum und Erfolg sein.

- Ich habe nicht den Antrieb, die Entschlossenheit oder die Arbeitsmoral, die andere Menschen haben.

- Ich verdiene es nicht.

- Das ist für mich nicht möglich.

- Ich bin noch nicht bereit.

- Ich habe nicht die Fähigkeiten oder das Wissen, um das zu tun, was ich tun möchte.

- Ich weiß nicht, welche Schritte ich als Nächstes unternehmen soll.

- Es gibt schon zu viele Leute, die das tun, was ich tun will.

- Die Leute in meinem Leben werden denken, ich sei dumm, weil ich es versuche.

- Ich werde von der Gesellschaft verurteilt werden.

- Wenn ich versage, werden alle über mich lachen.

All diese Überzeugungen sind auf einen Mangel an Selbstvertrauen oder Selbstbewusstsein zurückzuführen. Wenn du nicht an dich selbst glaubst, wird es schwierig sein, etwas im Leben zu erreichen. Deshalb ist es so wichtig, an deiner Einstellung und deinem Glaubenssystem in Bezug auf Reichtum und Erfolg zu arbeiten.

Nimm dir bei diesem Prozess Zeit, um herauszufinden, was deine einschränkenden Überzeugungen sind und woher sie kommen. Wie hast du sie übernommen? War es durch die Familie? Die Gesellschaft? Die Kultur, in der du aufgewachsen bist? Hast du etwas im Internet, in einem Buch oder im Fernsehen gesehen? Wenn du weißt, woher sie kommen, ist es einfacher, daran zu arbeiten, sie zu ändern.

Denk daran, dass du alles erreichen kannst, was du dir wünschst, wenn du bereit bist, dafür zu arbeiten. Lass dich also nicht länger von deinen einschränkenden Glaubenssätzen zurückhalten! Beginne noch heute damit, sie zu überwinden. Je schneller du anfängst, desto schneller werden die Veränderungen eintreten und desto leichter wird es sein. Je länger du wartest, desto mehr verfestigt sich dein jetziges Denken und desto schwieriger wird es, dich davon zu befreien.

Wenn du dir nicht sicher bist, wo du anfangen sollst, sind positive Affirmationen ein guter Anfang.

Positive Affirmationen sind Aussagen, die du täglich wiederholst, um deine Denkweise und deine Überzeugungen zu ändern. Einige Affirmationen, die sich auf Reichtum und Erfolg beziehen, könnten zum Beispiel sein:

- Ich bin des Reichtums und des Erfolgs würdig.

- Ich bin fähig, alles zu erreichen, was ich mir vornehme.

- Ich verdiene es, glücklich und wohlhabend zu sein.

- Ich bin bereit, die notwendige Arbeit zu leisten, um meine Ziele zu erreichen.

- Ich bin offen für neue Chancen und Möglichkeiten.

- Ich bin dankbar für all den Reichtum in meinem Leben.

Diese Affirmationen werden dir helfen, deine Einstellung zu Reichtum und Erfolg zu ändern, und schließlich werden sich auch deine einschränkenden Glaubenssätze ändern. In einigen Fällen kann das fast sofort geschehen und du wirst erstaunt sein, wie viel es ausmacht, wenn du sie ein paar Tage lang befolgst.

Probiere es aus und sieh, wie du dich fühlst! Denke daran, dass es Zeit braucht, um deine Einstellung zu ändern, also sei geduldig mit dir selbst und bleibe dran. Reichtum und Erfolg sind für jeden erreichbar, der an sich selbst glaubt.

KAPITEL 8

Ein tiefes Eintauchen in die Dankbarkeit

Jeder erfahrene Praktiker des Gesetzes der Anziehung weiß, dass es eine wichtige Übung gibt, die deinen Erfolg garantiert - nicht nur, wenn es darum geht, zu manifestieren, sondern auch, wenn es darum geht, ein glückliches, erfolgreiches und erfülltes Leben zu führen. Und sie ist sogar noch wichtiger, wenn wir daran arbeiten, Reichtum und Erfolg in dein Leben zu bringen.

Ich spreche natürlich von Dankbarkeit.

Dankbarkeit ist die Sprache des Universums. Sie ist das Einzige, was uns immer mehr von dem bringt, was wir uns wünschen, egal ob es Liebe, Geld, Erfolg oder etwas anderes ist.

Aber oft sind wir in unserem eigenen Kopf gefangen und machen uns Sorgen über das, was wir nicht haben und über all die Dinge, von denen wir denken, dass sie in unserem Leben falsch sind. Diese Art von negativem Denken führt nur dazu, dass wir feststecken und noch mehr vom Gleichen in unser Leben ziehen.

Um das Gesetz der Anziehung in vollem Umfang zu nutzen, ist es wichtig, dass du deine Sprache von negativ auf positiv änderst. Das bedeutet, dass du dich bewusst bemühst, dich auf all das Gute in deinem Leben zu konzentrieren, egal, wie klein es dir erscheinen mag. Jedes Mal, wenn du dich dabei ertappst, negativ über etwas zu denken oder zu sprechen, halte inne und ändere es bewusst in etwas Positives.

Wenn du dir zum Beispiel Sorgen machst, dass du nicht genug Geld hast, denke nicht: "Das kann ich mir nicht leisten", sondern sage dir: "Ich ziehe jeden Tag mehr Reichtum in mein Leben." Wenn du mit deinem Job unzufrieden bist, sage dir, anstatt zu denken: "Dieser Job ist scheiße", "Ich bin dankbar für diesen Job, weil er mir hilft, meiner Traumkarriere näher zu kommen."

Es mag wie eine kleine Veränderung erscheinen, aber mit der Zeit wird es einen großen Unterschied machen, wie du denkst, fühlst und Dinge in dein Leben ziehst. Nimm dir also vor, die Sprache der Dankbarkeit zu sprechen und beobachte, wie sich dein Leben zum Besseren wandelt.

Es gibt auch eine harte Wahrheit, die du jetzt lernen musst.

Wenn du jetzt nicht glücklich, zufrieden und dankbar mit

deinem Leben bist, wirst du auch in Zukunft nicht glücklich sein, selbst wenn du Reichtum und Erfolg manifestierst. Denn wenn du dir sagst: "Ich werde glücklich sein, wenn ich dieses Ziel erreiche, und nur dann", gibst du dir im Grunde die Erlaubnis, unglücklich zu sein, bis du dieses Ziel erreicht hast.

Es ist viel besser, sich darauf zu konzentrieren, jetzt glücklich zu sein und das Universum den Rest erledigen zu lassen. Das heißt nicht, dass du keine großen Ziele haben kannst und versuchen kannst, Reichtum und Erfolg in dein Leben zu bringen. Das heißt auch nicht, dass du nicht wachsen und Ziele haben kannst, die du erreichen willst. Diese werden dir sicherlich helfen, ein erfülltes und zufriedenes Leben zu führen. Das Problem ist nur, dass du nie glücklich und zufrieden sein wirst, wenn du eine undankbare und immer nach etwas strebende Einstellung entwickelst, selbst wenn du diese Ziele erreichst. Du strebst nur nach dem nächsten Ziel und denkst, dass du glücklich und erfüllt sein wirst, wenn du es erreicht hast.

Die Wichtigkeit von Dankbarkeit

Dankbarkeit ist eine komische Sache. Wir denken oft, dass wir für etwas dankbar sind, wenn wir es bekommen, aber die Wahrheit ist, dass Dankbarkeit ein Geisteszustand ist. Sie ist eine Haltung, die wir uns unabhängig von den Umständen zu eigen machen.

Das bedeutet, dass wir auch dann dankbar sein können, wenn die Dinge schwierig sind. Genau genommen ist Dankbarkeit dann am wichtigsten.

Wenn wir eine schwierige Zeit durchmachen, kann es leicht sein, sich auf all die negativen Dinge zu konzentrieren und das Gute zu vergessen. Aber wenn wir auch nur eine Sache finden, für die wir dankbar sein können, kann das unsere Perspektive völlig verändern.

Nehmen wir zum Beispiel jemanden, der seinen Job verloren hat. Es wäre einfach, sich auf all die negativen Aspekte seiner Situation zu konzentrieren: Er macht sich Sorgen, wie er seine Rechnungen bezahlen soll, er ist gestresst, weil er einen neuen Job finden muss, und er fühlt sich schlecht gelaunt.

Aber wenn diese Person auch nur eine Sache findet, für die sie dankbar sein kann, zum Beispiel dass sie einen Partner hat, der sie unterstützt, dass sie gesund ist oder dass sie ein Dach über dem Kopf hat, dann kann ihr das helfen, die Situation in einem positiveren Licht zu sehen.

Und wenn wir die Dinge in einem positiveren Licht sehen, sind wir eher bereit, aktiv zu werden und etwas an unserer Situation zu ändern. Wir glauben eher daran, dass sich die Dinge zum Guten wenden werden und sind offen für neue Chancen.

Wenn du also das Gesetz der Anziehung in vollem Umfang

nutzen willst, solltest du dir vornehmen, für alles dankbar zu sein, egal wie klein es dir erscheint. In der Theorie ist das natürlich alles ganz einfach, aber wenn die Zeiten hart sind und du die Last des Lebens auf deinen Schultern spürst, kann es leicht passieren, dass du dich in den Gedanken und reaktiven Emotionen, die aufkommen, verlierst. Deshalb ist es wichtig, eine tägliche Dankbarkeitsübung zu machen, um deine Dankbarkeitsmentalität zu stärken.

Technik #15: Beginne deine eigene Routine für Dankbarkeit

Der beste Weg, eine Haltung der Dankbarkeit zu entwickeln, ist, eine eigene Dankbarkeitsübung zu starten. Das kann so einfach sein, wie sich jeden Tag ein paar Minuten Zeit zu nehmen, um an die Dinge zu denken oder sie aufzuschreiben, für die du dankbar bist.

Am besten machst du das gleich morgens, damit du dich auf den Tag einstimmen kannst, oder abends, damit du über die guten Dinge des Tages nachdenken kannst.

Du kannst es aber auch zu beliebigen Zeiten während des Tages machen. Wichtig ist, dass du es dir zur Gewohnheit machst, damit es dir zur zweiten Natur wird.

Es gibt viele verschiedene Möglichkeiten, dies zu tun. Hier sind ein paar Vorschläge:

- Führe ein Dankbarkeitstagebuch und schreibe jeden Tag drei Dinge auf, für die du dankbar bist.

- Sage laut: "Ich bin dankbar für _____", wann immer du dich daran erinnerst.

- Denke jedes Mal, wenn du dir die Zähne putzt, an eine Sache, für die du dankbar bist.

- Bevor du ins Bett gehst, denke an drei Dinge, die während des Tages passiert sind, die dich zum Lächeln gebracht oder dir ein gutes Gefühl gegeben haben.

Der Schlüssel ist, eine Methode zu finden, die für dich funktioniert, und dabei zu bleiben. Je regelmäßiger du übst, desto leichter wird es dir fallen, eine Haltung der Dankbarkeit zu entwickeln.

Aber was ist, wenn ich nichts habe, wofür ich dankbar sein kann?

Wenn du denkst: "Ich habe nichts, wofür ich dankbar sein kann", dann schaust du nicht genau genug hin. Es gibt immer etwas, wofür du dankbar sein kannst, egal wie klein es ist.

Das kann die Tatsache sein, dass du heute Morgen aufgewacht bist, dass du ein Dach über dem Kopf hast oder dass du eine gute Tasse Kaffee getrunken hast. Es spielt keine Rolle, wie groß oder klein es ist, es gibt immer etwas.

Und wenn du wirklich Schwierigkeiten hast, etwas zu finden, denke an die Dinge, die du für selbstverständlich hältst. Das sind die Dinge, von denen wir oft erst merken, dass sie wichtig sind, wenn sie nicht mehr da sind.

Wir denken zum Beispiel nicht daran, wie glücklich wir sind, dass wir fließendes Wasser und eine Toilette mit Wasserspülung haben, bis unsere Stadt von einer Naturkatastrophe heimgesucht wird und wir ohne diese Dinge dastehen.

Oder wir merken gar nicht, wie viel Glück wir mit unserer Gesundheit haben, bis wir krank werden.

Das sind die Dinge, für die wir dankbar sein sollten, weil sie so leicht als selbstverständlich angesehen werden können.

Wenn du also das nächste Mal denkst: "Ich habe nichts, wofür ich dankbar sein könnte", dann denke daran, dass es immer etwas gibt. Je mehr du dich in Dankbarkeit übst, desto leichter wird es dir fallen, die Dinge in deinem Leben zu schätzen.

Mit Dankbarkeit zu mehr Fülle

Eine der besten Möglichkeiten, Dankbarkeit zu nutzen, ist es,

Fülle in deinem Leben zu schaffen. Wenn du dankbar bist für das, was du hast, öffnest du dich dafür, mehr zu bekommen.

Es ist, als ob du dem Universum sagst: "Ich bin dankbar für das, was ich habe, und ich bin bereit, mehr zu bekommen."

Beim Gesetz der Anziehung dreht sich alles um Energie. Was du aussendest, bekommst du auch zurück. Wenn du also mehr Reichtum in dein Leben ziehen willst, fange damit an, für den Reichtum dankbar zu sein, den du bereits hast.

Das bedeutet nicht, dass du für alles in deinem Leben dankbar sein musst. Es ist völlig normal, negative Gefühle wie Wut, Traurigkeit und Frustration zu haben.

Aber es ist wichtig, dass du dich so oft wie möglich auf das Positive konzentrierst, damit du mehr von dem, was du dir wünschst, in dein Leben ziehen kannst.

Hier sind ein paar Möglichkeiten, wie du Dankbarkeit nutzen kannst, um Fülle in deinem Leben zu schaffen:

- Beginne jeden Tag damit, an drei Dinge zu denken, für die du dankbar bist. Das gibt den Ton für den Rest des Tages an und hilft dir, dich auf das Positive zu konzentrieren.

- Bevor du ins Bett gehst, denke an drei Dinge, die während des Tages passiert sind und dir ein gutes Gefühl gegeben haben. Das hilft dir, den Tag positiv zu beenden und mit guter Energie ins Bett zu gehen.

- Wann immer du tagsüber die Gelegenheit hast, nimm dir einen Moment Zeit, um die kleinen Dinge zu schätzen. Wenn du zum Beispiel spazieren gehst, nimm dir einen Moment Zeit, um die frische Luft, den Sonnenschein und die Schönheit der Natur um dich herum zu genießen.

- Wann immer du etwas erhältst, nimm dir einen Moment Zeit, um es zu würdigen. Egal, ob es ein Geschenk, eine Gehaltserhöhung oder ein Kompliment von einem Freund oder einer Freundin ist, nimm dir einen Moment Zeit, um es wirklich zu schätzen und dankbar dafür zu sein.

Je mehr du dich auf Dankbarkeit konzentrierst, desto mehr Reichtum wirst du in dein Leben ziehen. Beginne also noch heute damit, Dankbarkeit einzusetzen, um das Leben deiner Träume zu gestalten. Die Kultivierung von Dankbarkeit kann sich auf so viele Bereiche deines Lebens positiv auswirken, dass du dir unbedingt Zeit nehmen solltest, um herauszufinden, welche Art von Dankbarkeit für dich funktioniert. Hier sind ein paar Tipps, die du dir merken solltest.

Die grundlegendste Übung ist es, ein Dankbarkeitstagebuch zu führen, oder damit anzufangen, ein Tagebuch zu führen und sich ein paar Minuten Zeit zu nehmen, um über die Dinge zu schreiben, für die du dankbar bist. Dieser Ansatz wird von der

Berkeley University empfohlen. Du kannst dabei so einfach oder so fortschrittlich vorgehen, wie du willst. Du kannst nur ein paar Dinge pro Tag aufzählen oder detailliert beschreiben, wofür du dankbar bist und warum. Wichtig ist, dass du dir bewusst machst, dass es keine Rolle spielt, wie groß, klein, bedeutend oder vage diese Dinge sind. Hauptsache, du schenkst dem Aufmerksamkeit, wofür du dankbar sein kannst.

- **Ein Tagebuch führen**

Schreib dir täglich auf, wofür du dankbar bist. Sprich über Dinge, die dir Spaß machen. Versuche, deine Gedanken loszuwerden, ohne zu viel darüber nachzudenken oder deine Gedanken zu bewerten. Sprich einfach aus, was dir in den Sinn kommt, denn nur so findest du wahre Klarheit darüber, was du glaubst und wie dein Geist funktioniert. Du kannst dankbar sein für die Menschen, die du liebst, für die Farbe des Himmels, dafür, dass du ein Dach über dem Kopf hast oder sogar dafür, dass es dein Lieblingsessen gibt. Es kann sich sogar um vergangene Erfahrungen oder Erinnerungen handeln.

- **Lass das Schlechte nicht außer Acht**

Es ist wichtig, daran zu denken, dass du nicht nur für die guten Dinge dankbar sein kannst, die in deinem Leben passiert sind, sondern auch für die schlechten Erfahrungen. Die schlechten Erfahrungen, die wir machen, tragen dazu bei, uns zu formen und uns zu dem zu machen, was wir heute sind und in Zukunft sein werden, und wenn du die beste Version von dir selbst sein willst, sind diese Erfahrungen unerlässlich.

Erinnere dich daran, wie weit du gekommen bist, was du möglich gemacht hast, und an all die Schwierigkeiten, die du überwunden und überlebt hast. Das Gute und das Schlechte zu schätzen, ist ein guter Weg, um Dankbarkeit zu kultivieren.

- **Nutze deine Sinne**

Es wird Tage geben, an denen es schwer ist, dankbar zu sein. Das kann an der Stimmung liegen, in der du dich befindest, oder daran, dass du dich nur schwer konzentrieren kannst. In solchen Zeiten kann es unglaublich kraftvoll sein, dich auf deine Sinne einzulassen.

Nimm dir einen Moment Zeit, um dich auf alle fünf Sinne einzulassen: Berührung, Sehen, Riechen, Schmecken und Hören. Sei dankbar für die Empfindungen, die diese Sinne dir geben. Wenn du anfängst, den menschlichen Körper als ein Geschenk zu betrachten, kann sich die Dankbarkeit dramatisch steigern.

Wenn du einen ganz bestimmten Ansatz für die Kultivierung von Dankbarkeit in bestimmten Bereichen deines Lebens verfolgen willst, wie zum Beispiel in den Bereichen, die wir in diesem Buch behandeln, oder vielleicht sogar in einem Bereich, in dem du das Gefühl hast, dass du feststeckst, dann kannst du einen handlungsorientierten Ansatz für Dankbarkeit wählen.

Wähle ein Thema wie Geld, Beziehungen, Karriere, Familie oder Gesundheit und konzentriere dich darauf, 30 Tage lang nur in diesem Bereich zu danken - benutze dein Tagebuch oder schreibe zumindest 3-5 Affirmationen auf. Nach 30 Tagen wirst du einen großen Unterschied in diesem Bereich deines Lebens und deiner Sichtweise darauf feststellen.

- **Führe die schwierigen Gespräche**

Du musst nicht mit jedem, den du kennst, befreundet sein, aber es ist wichtig, an deinen Beziehungen zu arbeiten und dankbar für die Menschen in deinem Leben zu sein. Auch wenn du jemanden nicht magst, solltest du ihn trotzdem respektieren und schätzen.

Wenn es in einer Beziehung Fragen oder Probleme gibt, ist es wichtig, diese direkt anzusprechen. Das hilft, dass das Problem nicht aus dem Ruder läuft und beide Parteien sich in der Beziehung sicherer fühlen.

Und ja, das kann herausfordernd sein, aber es lohnt sich, wenn du Dankbarkeit in deinen Beziehungen kultivieren willst, vor allem, wenn sich eine oder beide Personen nicht bewusst sind, dass ihr Handeln die andere Person negativ beeinflusst.

- **Zeige den Menschen um dich herum Dankbarkeit**

Eine der besten Möglichkeiten, Menschen zu zeigen, dass du für sie dankbar bist, ist, es ihnen tatsächlich zu sagen. Das kann persönlich geschehen, aber auch am Telefon oder per SMS. Es ist wichtig, dass du aktiv wirst und nicht nur darüber nachdenkst, dass du dankbar bist.

Eine gute Möglichkeit, dies zu tun, ist ein Brief, in dem du deine Dankbarkeit ausdrückst. Du kannst das sogar anonym tun, wenn du willst. Das ist eine wirklich schöne Art, jemandem zu zeigen, wie viel er dir bedeutet und wie sehr du ihn schätzt, ohne dass es peinlich wird.

Das gilt buchstäblich für jeden, egal ob es sich um die Menschen in deinen inneren Kreisen oder um Menschen in deiner Gemeinschaft handelt, wie beispielsweise um einen Ladenbesitzer, einen Busfahrer oder jemanden am anderen Ende der Warteschlange. Sei den Menschen aufrichtig dankbar und drücke es aus. Die Energie, die du in das Universum aussendest, ist eine Energie, wie du sie noch nie zuvor erlebt hast.

- **Tu etwas Nettes für jemanden**

Eine weitere wunderbare Möglichkeit, anderen zu zeigen, dass du dich um sie kümmerst und für sie dankbar bist, ist, etwas Nettes für sie zu tun, egal ob es groß oder klein ist. Im Zeitalter der sozialen Medien werden wir oft mit Bildern von freundlichen Taten von scheinbar beliebigen Personen bombardiert, die sich für jemanden besonders ins Zeug legen.

Doch selbst eine kleine Tat kann eine große Wirkung auf den Empfänger haben.

Eine gute Möglichkeit, dies zu tun, ist, den Kaffee für jemanden zu bezahlen, der hinter dir in der Schlange bei Starbucks steht, jemandem im Supermarkt die Lebensmittel zu kaufen, ohne dass er weiß, dass du es bist, der sie bezahlt hat, oder einem geliebten Menschen anonym Blumen zu schicken, um ihn zu überraschen.

Wenn du jeden Tag Dankbarkeit übst, wird sich dein Leben dramatisch verändern. Ganz gleich, ob du mit etwas Bestimmtem zu kämpfen hast oder nicht, Dankbarkeit zu kultivieren und sie konsequent zu praktizieren, kann dir nur nutzen. Also nimm dir jeden Tag Zeit und probiere einige oder alle dieser Methoden aus - dein Leben wird es dir danken!

Und vergiss nicht, dass die Sprache, die du benutzt, wichtig ist. Das Universum hört immer zu, und wenn du ständig negative Energie aussendest, wirst du genau das zurückbekommen. Achte auf deine Worte und versuche, dich so oft wie möglich auf das Positive zu konzentrieren.

KAPITEL 9

Das Gesetz des Überflusses

In diesem Buch haben wir viele Themen behandelt, wobei der Schwerpunkt auf Reichtum und Erfolg im Allgemeinen lag, aber was ist mit der Fülle? Das Gesetz der Anziehung ist zwar mit allem verbunden, was wir bereits besprochen haben, aber es gibt noch ein weiteres Gesetz: das Gesetz des Überflusses.

Das Gesetz des Überflusses ist ein universelles Gesetz, das den Energiefluss im Universum regelt. Das Gesetz des Überflusses besagt, dass genug für alle da ist und dass du Reichtum und Fülle in dein Leben ziehen kannst, indem du dich öffnest, um sie zu empfangen.

Wenn du das Gesetz des Überflusses anwendest, richtest du dich nach dem Energiefluss des Universums aus. Du öffnest dich dafür, all die guten Dinge zu empfangen, die dir zur Verfügung stehen.

Wenn du das Gesetz des Überflusses anwendest, bittest du nicht um mehr, als du brauchst. Du fragst einfach nach dem, was dir bereits zur Verfügung steht. Dieses Gesetz sorgt dafür, dass genug für alle da ist. Wenn du dich öffnest, um zu empfangen, lässt du zu, dass es zu deinen Gunsten wirkt.

Was ist Überfluss?

Überfluss ist der Zustand, mehr als genug zu haben. Es ist der Zustand, in dem man wohlhabend oder erfolgreich ist. Wenn du im Überfluss lebst, hast du alles, was du brauchst, und noch mehr. Das gilt aber nicht nur für dich selbst.

Es gibt einen weit verbreiteten, einschränkenden Glauben, dass du etwas nicht haben kannst oder dass du in deinen Bestrebungen nicht erfolgreich sein kannst, weil es bereits so viele Menschen gibt, die das tun, was du tun willst, wie kann es also noch Platz für dich geben?

Wie könntest du zum Beispiel ein berühmter und erfolgreicher Filmstar werden, wenn es schon so viele gibt? Die Konkurrenz ist so groß, hast du da wirklich eine Chance?

Wenn du in eine Buchhandlung gehst, siehst du Hunderttausende von Büchern, die von Autoren geschrieben wurden, die Jahrhunderte überdauert haben, von denen viele preisgekrönt und Millionen von Menschen bekannt sind, und von denen, die nie ein Exemplar verkauft haben. Wie könntest du in einer solchen Welt glänzen?

Tatsache ist, dass es Platz für alle gibt. Wenn du das Gesetz der Fülle verstehst und anwendest, erkennst du, dass es mehr als genug für alle gibt, um das zu haben, was sie im Leben wollen.

Reichtum, Erfolg, Liebe - diese Dinge sind nicht endlich. Sie sind nicht begrenzt. Es gibt keinen Wettbewerb, wenn es darum geht, diese Dinge in dein Leben zu holen.

Das Gesetz der Fülle besagt, dass genug für alle da ist. Es spielt keine Rolle, wie viele Menschen bereits das tun, was du tun willst, oder wie groß die Konkurrenz ist. Du kannst immer noch alles haben, was du im Leben willst.

Es gibt jedoch eine Menge Faktoren, die dabei eine Rolle spielen. Wenn du denkst, dass du nicht in der Lage bist, Erfolg und Reichtum in dein Leben zu bringen, weil zu viele andere Menschen das haben, was du dir wünschst, und du nicht in der Lage wärst, es zu erreichen, dann sendest du die Energie an das Universum aus, dass du nicht würdig oder fähig bist, und das wird zu einem begrenzenden Glaubenssatz.

Nimm dir vor, was du im Leben machen willst. Willst du ein Schauspieler wie Will Smith sein? Willst du so viele Bücher verkaufen wie J. K. Rowling? Willst du ein schönes, sicheres Haus und eine liebevolle Familie haben wie dein Nachbar? Willst du 150.000 Dollar im Jahr verdienen wie dein Chef?

Warum kannst du es nicht? Was hält dich davon ab? Warum kannst du nicht so viele Bücher schreiben und verkaufen wie J. K. Rowling? Weil sie es bereits tut? Du hast keine gute Idee? Du bist nicht gut genug als Autor?

All das sind nur Ausreden. Die Wahrheit ist, dass dich nichts davon abhält, den Erfolg zu erreichen, den du dir im Leben wünschst. Du kannst alles haben, was du willst. Du musst dich nur öffnen, um es zu bekommen.

Technik #16: Wie du dich dem Gesetz des Überflusses öffnest

Der erste Schritt, um sich dem Gesetz des Überflusses zu öffnen, besteht darin, dir deiner eigenen Gedanken und Gefühle in Bezug auf Geld bewusst zu werden. Hast du irgendwelche negativen Glaubenssätze über Geld? Denkst du, dass Geld böse ist oder dass es die Wurzel allen Übels ist?

Wenn ja, sind das einschränkende Glaubenssätze, die du loswerden musst.

Eine weitere Möglichkeit, dich für das Gesetz des Überflusses zu öffnen, besteht darin, positiv über Geld zu denken und zu sprechen. Anstatt Dinge wie "Das kann ich mir nicht leisten" zu sagen, solltest du anfangen, Dinge wie "Ich ziehe den Reichtum in mein Leben" zu sagen.

Wenn du anfängst, positiv über Geld zu denken und zu sprechen, wirst du erste Ergebnisse sehen. Je mehr du dich auf die guten Dinge konzentrierst, die Geld für dich tun kann, desto mehr gute Dinge werden in dein Leben kommen.

Die dritte Möglichkeit, dich für das Gesetz des Überflusses zu öffnen, besteht darin, etwas für deine Ziele zu unternehmen. Wenn du Reichtum und Fülle in dein Leben ziehen willst, musst du Schritte unternehmen, um deine Ziele zu erreichen. Je mehr du unternimmst, desto näher kommst du deinen Zielen und desto wahrscheinlicher ist es, dass du Reichtum und Fülle in dein Leben ziehst.

Je mehr du diese Konzepte und Techniken anwendest, desto mehr wirst du dich für das Gesetz des Überflusses öffnen. Wenn du anfängst, im Überfluss zu leben, wirst du sehen, dass es mehr als genug für alle gibt, um das zu haben, was sie im Leben wollen. Du wirst auch anfangen, all die guten Dinge, die du dir wünschst, in dein Leben anzuziehen.

KAPITEL 10

Die Macht der Visualisierung

In den letzten Kapiteln haben wir uns vor allem auf die mächtigen Techniken konzentriert, die du einsetzen kannst, um deine Manifestationen wirklich zum Leben zu erwecken, und die Visualisierung ist eine der besten. Du wirst die Realität, die du dir wünschst, niemals so manifestieren können, wie du es dir wünschst, wenn du nicht einen konsequenten Visualisierungsprozess oder eine Technik entwickelst.

Eine Einführung in die Visualisierung

Zuerst wollen wir noch einmal kurz auffrischen, was Visualisierung ist. Beim Visualisieren siehst du Dinge vor deinem geistigen Auge, als ob sie bereits in deinem Leben geschehen würden. Du kannst dir zum Beispiel vorstellen, wie du dein Traumauto fährst oder wie du auf der Bühne stehst und einen Preis entgegennimmst.

Wenn du dir vorstellst, wie es passiert, ist es viel wahrscheinlicher, dass du es auch im wirklichen Leben verwirklichst, weil du in der Frequenz deines Wunsches schwingst und ihn in dein Leben anziehst.

Wenn du zum Beispiel einen neuen Job manifestieren willst, reicht es nicht aus, dich in der Rolle zu sehen. Du musst dir auch vorstellen, wie es sich anfühlt, das Angebot zu bekommen, deinen ersten Tag zu beginnen und deinen ersten Gehaltsscheck zu erhalten. Je realer du es dir vorstellen kannst, desto größer ist deine Chance, dass es auch im echten Leben klappt.

Arnold Schwarzenegger ist ein fantastisches Beispiel dafür, wie man das in die Praxis umsetzt. In seinen jüngeren Jahren nahm er an Bodybuilding-Wettbewerben in den USA teil und verbrachte Berichten zufolge viel Zeit damit, sich vorzustellen, wie es wäre, den Wettbewerb zu gewinnen. Er ging sogar so weit, sich vorzustellen, wie es sich anfühlen würde, die Trophäe in den Händen zu halten, die Menge seinen Namen jubeln zu hören, den anderen Teilnehmern die Hand zu schütteln und seinen Namen in der Zeitung zu sehen.

Natürlich wissen wir alle, dass Arnold Schwarzenegger einer der erfolgreichsten Bodybuilder aller Zeiten wurde, der sieben Mal den Mr. Olympia gewann, mehr als jeder andere in der Geschichte, und er spricht regelmäßig darüber, dass er einen großen Teil seines Erfolgs der Visualisierung zuschreibt.

Du hast alles, was du brauchst, um diese Superkraft zu nutzen.

Du musst nur wissen, was du tust und wie du sie richtig einsetzt.

Die Vorteile der Visualisierung

Der Mensch ist ein visuelles Lebewesen. Wir werden ständig mit visuellen Informationen bombardiert und wir verarbeiten diese Informationen auf eine Art und Weise, die andere Tiere nicht können. Deshalb ist die Visualisierung ein so mächtiges Werkzeug. Wenn du dir etwas vorstellst, kannst du es ganz anders wahrnehmen, als wenn du es nur mit deinen Augen siehst.

Visualisierung kann uns helfen, die Dinge in einem neuen Licht zu sehen, und sie kann uns auch helfen, das anzuziehen, was wir im Leben wollen. Das Gesetz der Anziehung besagt, dass Gleiches Gleiches anzieht. Wenn wir uns also auf positive Gedanken und Bilder konzentrieren, werden wir positive Erfahrungen in unser Leben ziehen. Wenn wir uns auf negative Gedanken und Bilder konzentrieren, werden wir auch negative Erfahrungen anziehen.

Visualisierung ist eine großartige Methode, um sich auf positive Gedanken und Bilder zu konzentrieren und kann dazu genutzt werden, alles anzuziehen, was du dir wünschst. Du kannst die Visualisierung nutzen, um Erfolg, Liebe, Geld oder alles andere anzuziehen, was du dir vorstellen kannst. Der Himmel ist die

Grenze!

Wenn du etwas visualisierst, erstellst du im Grunde einen Entwurf für das, was du in deinem Leben manifestieren möchtest. Je spezifischer und detaillierter du sein kannst, desto besser. Je genauer du es sehen kannst, desto wahrscheinlicher ist es, dass es passiert.

Wenn du dir etwas vorstellst, gehst du in deinem Kopf durch, was du tun wirst und wie du es tun wirst, und du machst es real.

So wie Arnold Schwarzenegger sich in seinen Wettkämpfen wie der Sieger verhielt, bevor er der Sieger war, sandte er die Energie an das Universum aus, dass er gewinnen wollte und wie es sein würde. Joe Templin, der Autor von *Everyday Excellence*, Ultramarathonläufer und Gast im *We're All Humans Here* Podcast, erzählt, wie er mit Hilfe von Visualisierung ein Kampfsportturnier gewonnen hat.

Er stellte sich genau vor, wie er gewinnen würde, und zwar in unglaublichen Details: Wie sich sein Fuß anfühlte, als er durch die Luft flog, die Position und Winkel seines Körpers, das Gefühl seiner Kleidung, die Atmosphäre des Raumes und wie sich der Aufprall selbst anfühlte, wenn er in Aktion war.

An diesem Tag gewann Templin mit dem gleichen K.O.-Tritt, den er sich vorgestellt hatte. Für die Zuschauer war es das erste Mal, dass sie ihn gewinnen sahen. Für Templin war es das 100.000ste Mal, dass er diesen Tritt ausgeführt hat. Dabei hat er sowohl die Trainingskicks im Dojo als auch die unzähligen Kicks, die er in seinem Kopf visualisiert hat, kombiniert.

Wie funktioniert die Visualisierung?

Die Kraft der Visualisierung basiert auf dem Gesetz der Anziehung. Das Gesetz der Anziehung besagt, dass du anziehst, worauf du dich fokussierst. Wenn du dir vorstellst, was du willst, konzentrierst du dich auf deine Ziele und versetzt dich in die Lage, sie zu erreichen.

Wenn du visualisierst, sendest du eine Botschaft und alle notwendigen Schwingungen an das Universum, dass du das willst, was du siehst. Das Universum antwortet auf diese Botschaft, indem es dir mehr von dem gibt, was du willst. Wenn du dich auf deine Ziele konzentrierst, sagst du dem Universum, dass du bereit bist, sie zu empfangen.

Das Universum wird dir dann die Möglichkeit geben, deine Ziele zu erreichen.

Technik #17: Wie du deine Träume visualisieren und manifestieren kannst

Wie bei jeder anderen Technik in diesem Buch musst du dir

zunächst absolut im Klaren darüber sein, was du manifestieren willst. Je mehr Klarheit du hast, desto besser wird deine Visualisierung sein.

Nimm dir also Zeit, um über deine Ziele nachzudenken und sie zu benennen. Schreibe sie auf eine Weise auf, die sie für dich greifbar macht. Was willst du erreichen? Was sind deine Träume und Hoffnungen? Wenn du dir darüber im Klaren bist, was du willst, kannst du anfangen, es zu visualisieren.

Sieh vor deinem geistigen Auge, wie du dein Ziel erreichst. Mache es so real wie möglich. Fühle die Emotionen, die du empfinden würdest, wenn du dein Traumleben bereits leben würdest.

Wenn du zum Beispiel ein neues Auto manifestieren willst, stelle dir vor, wie du es fährst. Spüre den Wind in deinem Haar und die Sonne auf deiner Haut. Rieche den Geruch eines neuen Autos. Wie fühlt es sich an, wenn du das Lenkrad in deiner Hand drehst? Wie fühlt es sich an, das Auto in deiner Einfahrt zu sehen? Wie fühlt es sich an, mit deiner Familie durch die Gegend zu fahren, während Musik spielt und ein schönes Ziel auf dem Weg liegt?

Je realer es sich in deinem Kopf anfühlt, desto größer ist die Chance, dass du es auch im wirklichen Leben schaffst, weil du in der Frequenz deines Wunsches schwingst und ihn in dein Leben anziehst.

Die Macht der Visualisierung

Es ist wichtig, dass du dir jeden Tag vorstellst, was du erreichen willst. Du kannst das als erstes am Morgen oder als letztes am Abend tun. Es spielt keine Rolle, wann du es tust, solange du es regelmäßig tust.

Denk daran: Je mehr Zeit du damit verbringst, deine Ziele zu visualisieren, desto wahrscheinlicher ist es, dass du sie erreichst, denn du konzentrierst dich mit deiner ganzen Energie auf das, was du erreichen willst.

Zeit für ein wenig Übung.

Visualisierung ist ein so mächtiger Prozess und obwohl er ideal ist, um große Träume zu verwirklichen und deine Ziele zu erreichen, kannst du seine Kraft auch im kleinen Rahmen erleben. Das ist eine der besten Methoden, um die Kraft dieses Prozesses zu erleben. Wenn du davon überzeugt bist, kannst du diese Technik erfolgreich für viel größere und bedeutendere Manifestationen einsetzen.

Überlege dir also, was du heute oder morgen machst und markiere etwas, das dir wichtig ist. Vielleicht bist du bei der Arbeit oder du verbringst Zeit mit deinem Partner oder deinem Schwarm.

Nimm dir zehn Minuten Zeit, um dir vorzustellen, wie du diese Interaktionen gestalten möchtest. Sieh dich selbst in der Situation und fühle wirklich, wie du dich fühlen möchtest.

Wenn es um die Arbeit geht, stell dir vor, wie du produktiv bist und dich bei deiner Arbeit wohlfühlst. Wenn es dein Partner oder dein Schwarm ist, stell dir vor, wie ihr Zeit miteinander verbringt und die Gesellschaft des anderen genießt. Stell dir vor, wie ihr lacht und Spaß habt.

Spüre die positiven Gefühle, die mit diesen Situationen verbunden sind, und lass sie durch dich hindurchfließen. Spüre das Glück, die Liebe und die Zufriedenheit. Spüre, wie es sich anfühlt, hart an deinem Computer zu arbeiten. Spüre die Tasten unter deinen Fingern und das Gefühl, wenn du E-Mails verschickst oder einen Vertrag mit einem neuen Kunden abschließt.

Spüre, wie es sich anfühlt, mit deinem Partner zu kuscheln und ihn zu halten. Denke darüber nach, was du gerade tust, ob du ein Spiel spielst, einen Film ansiehst oder spazieren gehst. Wie fühlt sich die Umgebung an? Worüber sprichst du? In welchem Tonfall sprichst du mit deinem Partner? Wie fühlt es sich an, seine Hand zu halten?

Das ist die Art von Detail, die du umsetzen willst. Je realer du es dir vorstellen kannst, desto besser. Es geht darum, dich in eine positive Stimmung zu versetzen und ein gutes Gefühl für das zu haben, was kommt.

Wenn du einige Zeit damit verbracht hast, dir vorzustellen, was du erreichen willst, lass es wirklich auf dich wirken und glaube daran, dass es geschehen wird. Vertraue darauf, dass das Universum für dich sorgen wird.

Lebe dein Leben in dem Wissen, dass du bereits die Weichen für deinen Erfolg gestellt hast, indem du dir die Zeit nimmst, dir vorzustellen, wie du die Dinge angehen willst. Du wirst überrascht sein, wie gut die Dinge für dich laufen, wenn du das regelmäßig tust!

Die Kraft der Visualisierung ist eines der wichtigsten Werkzeuge, die du nutzen kannst, um deine Träume zu verwirklichen. Wenn du dir vorstellst, was du willst, versetzt du dich in die Lage, es zu erreichen. Verwende bejahende Aussagen und beziehe so viele Sinne wie möglich mit ein, um deine Visualisierung so realistisch wie möglich zu gestalten. Übe regelmäßig und sei geduldig - deine Träume werden schließlich Wirklichkeit werden.

KAPITEL 11

Den Perfektionismus loslassen

Und mit all dem im Hinterkopf sind wir nun beim letzten Kapitel angelangt. Als ich anfing, dieses Buch zu schreiben, hätte ich nie gedacht, dass ich dieses Thema einmal aufgreifen würde. Ich habe nicht wirklich darüber nachgedacht, bis ich merkte, wie mächtig es ist, wenn es darum geht, auf Ziele hinzuarbeiten, Reichtum und Erfolg zu manifestieren und sich nicht selbst im Weg zu stehen.

Perfektionismus ist ein mächtiges Hindernis und einer der größten Stolpersteine, die dir auf deinem Weg begegnen werden. Als ich zum Beispiel dieses Buch schrieb, hatte ich eine Idee im Kopf, wie ich es haben wollte. Wenn ich aber starr an dieser Idee festhalten und dem kreativen Prozess nicht erlauben würde, die Führung zu übernehmen, würde ich unter dem Zwang des Perfektionismus leiden und das Buch würde nie fertiggestellt oder veröffentlicht werden.

Es ist wichtig zu erkennen, dass auf dem Weg zu dem manifestierten Leben, das du leben willst, Dinge passieren werden, die du nicht willst. Es wird Situationen geben, die dich verletzen und mit denen du nur schwer umgehen kannst.

Nehmen wir zum Beispiel an, du versuchst, etwas Kreatives zu machen. Vielleicht versuchst du, ein Buch zu schreiben, einen Song zu komponieren, ein Instrument zu lernen oder eine Website oder ein Logo für deine neue Geschäftsidee zu entwerfen. Das kann jeder Teil deines Lebens sein.

Du arbeitest stundenlang an deinem Projekt, recherchierst, übst kreative Affirmationen und gibst dir Mühe, aber es scheint dir nicht zu gelingen. Du steckst fest und weißt nicht, wie du vorankommen sollst. Du wirst entmutigt, weil du nicht weiterkommst, und Zweifel schleichen sich ein. Deine Sprache hat sich verändert, was bedeutet, dass sich auch deine Energie verändert hat und dein Streben in eine Sackgasse führt, weil das die Realität ist, die du dir vorstellst. So hält dich dein Perfektionismus zurück.

Die Wahrheit ist, dass es so etwas wie Perfektion nicht gibt. Perfektionismus führt nicht nur dazu, dass du selbstkritisch wirst und dein Selbstwertgefühl so weit sinkt, dass du aufgibst und scheiterst, sondern er führt auch dazu, dass du unzufrieden mit deinem Leben bist. Du kommst nicht weiter, weil du dich nur auf das Ergebnis konzentrierst und nicht auf den Weg, und die Tatsache, dass du nie etwas zu Ende bringst, wird dich weiterhin hart treffen.

Wie kommst du also darüber hinweg?

Erstens werden dir die Techniken helfen, die du gelernt hast. Durch diese Übungen wirst du lernen, dass der Weg der befriedigende Teil des Lebens ist und das Endziel nur ein Teil davon. Angenommen, du schreibst ein Buch, dann wirst du viel mehr Spaß daran haben, die Charaktere zu entwickeln, als Exemplare zu verkaufen. Wenn du aber lernst, dein Buch zu verkaufen und zu vermarkten, ist das ein ganz neuer Prozess, den du genießen kannst.

Du wirst auf jeder Reise auf Hindernisse stoßen, egal, wofür du dich entscheidest, aber solange du dich daran erinnerst, dass sie ein Teil der Reise sind, wirst du sie überstehen.

Der Trick bei der echten Manifestation besteht darin, dem Prozess zu vertrauen. Du hast vielleicht eine allgemeine Vorstellung von dem, was du willst, wahrscheinlich sogar eine ziemlich klare Vorstellung davon, was du willst, wenn du es richtig visualisierst, aber du musst flexibel sein.

Die Dinge kommen vielleicht nicht in der Weise zu dir, in der du sie erhalten willst, und du musst durch fremde, vorher unvorhersehbare Ereignisse hindurch gehen, um dorthin zu gelangen, wo du willst. Wenn du nicht flexibel bist, wirst du nie zulassen, dass sich der Prozess so entfaltet, wie er sollte, und du wirst dir selbst im Weg stehen.

Es ist auch wichtig, sich daran zu erinnern, dass du nicht alles in deinem Leben ändern oder kontrollieren kannst, aber was du ändern kannst, ist deine Einstellung und wie du auf die Dinge reagierst, die passieren. Wenn du eine positive Einstellung bewahrst, dich auf das konzentrierst, was du willst, und offen und flexibel bist, wirst du feststellen, dass es viel einfacher sein wird, dein Traumleben zu verwirklichen, als wenn du im Perfektionismus feststeckst.

Umgang mit Perfektionismus

Perfektionismus ist das Bedürfnis, alles perfekt zu haben. Wenn du ein Perfektionist bist, stellst du jedoch oft unangemessen hohe Anforderungen an dich selbst. Es fällt dir schwer, Kritik anzunehmen, und du bist mit deiner Arbeit nie zufrieden.

Das verursacht so viele Probleme wie Angstzustände, Depressionen und ein geringes Selbstwertgefühl.

Wenn du ein Perfektionist bist, ist es extrem schwierig, Risiken einzugehen. Du hast so viel Angst, Fehler zu machen, dass du oft keine neuen Dinge ausprobierst. Das schränkt deine Möglichkeiten für Wachstum und Entwicklung ein.

Wenn du ein Perfektionist bist, traust du dich zum Beispiel vielleicht nicht, dein eigenes Unternehmen zu gründen, weil du Angst hast zu versagen. Vielleicht bewirbst du dich nicht auf deinen Traumjob, weil du denkst, dass du nicht gut genug bist.

Perfektionismus steht auch dem Fortschritt im Weg. Wenn du ein Perfektionist bist, ist es sehr schwierig, etwas zu Ende zu bringen. Du verzettelst dich oft in den Details und siehst den Wald vor lauter Bäumen nicht. Das bedeutet, dass Projekte oft viel länger dauern, als sie müssten, und dass sie oft nie abgeschlossen werden.

Das ist ein Problem, denn es bedeutet, dass du nie die Befriedigung erfährst, etwas abgeschlossen zu haben. Es bedeutet auch, dass du die Gelegenheit verpasst, aus deinen Fehlern zu lernen.

Wie überwindest du also deinen Perfektionismus?

Wenn du das Gesetz der Anziehung in vollem Umfang nutzen willst, musst du daran arbeiten, deinen Perfektionismus zu überwinden. Du musst lernen, dich so zu akzeptieren, wie du bist, und damit leben können, Fehler zu machen.

Du musst auch lernen, Risiken einzugehen. Das heißt nicht, dass du dich leichtsinnig in Dinge stürzen sollst, ohne vorher zu überlegen. Aber es bedeutet, dass du bereit sein solltest, neue Dinge auszuprobieren und dich der Öffentlichkeit zu stellen.

Und schließlich musst du lernen, dich von dem Zwang zu lösen, dass alles perfekt sein muss. Du musst in der Lage sein, Dinge zu Ende zu bringen und dich damit abzufinden, dass sie nicht perfekt sind.

Das mag nach viel Arbeit klingen, aber es lohnt sich, wenn du das Gesetz der Anziehung nutzen willst, um dein Traumleben zu verwirklichen. Denk daran: Je flexibler du bist, desto leichter wird es dir fallen, dem Prozess zu vertrauen und den Perfektionismus loszulassen.

Es ist wichtig, sich daran zu erinnern, dass du nicht in der Lage bist, alles in deinem Leben zu ändern oder zu kontrollieren, aber was du ändern kannst, ist deine Einstellung und wie du auf die Dinge reagierst, die passieren. Wenn es dir gelingt, eine positive Einstellung zu bewahren, dich auf deine Ziele zu konzentrieren und offen und flexibel zu sein, wirst du feststellen, dass es viel einfacher sein wird, dein Traumleben zu verwirklichen, als wenn du im Perfektionismus feststeckst.

Eines der wichtigsten Dinge, die du bei der Anwendung des Gesetzes der Anziehung beachten solltest, ist, dass deine Einstellung und deine Reaktion auf die Dinge, die in deinem Leben passieren, genauso wichtig sind wie das, was du tust. Du musst dich auf das konzentrieren, was du willst, eine positive Einstellung haben und bereit sein, Risiken einzugehen und Fehler zu machen. Wenn du das schaffst, wirst du feststellen, dass es viel einfacher ist, auf dein Traumleben hinzuarbeiten, als wenn du im Perfektionismus feststeckst.

Natürlich ist es immer gut, wenn du einen praktischen Ansatz für diese Dinge hast. Hier sind also einige Tipps, die du dir merken und in deinem Leben umsetzen kannst.

- **Setze realistische Standards für dich selbst**

Du kannst dies tun, indem du dir deine Erfolge und Misserfolge in der Vergangenheit ansiehst und darauf aufbauend Maßstäbe setzt. Von hier aus kannst du deine Maßstäbe langsam anheben, wenn du dich wohler damit fühlst, Risiken einzugehen.

- **Klein anfangen**

Wenn du an einem Projekt arbeitest, fang mit etwas an, von dem du weißt, dass du es schaffen kannst, und baue es dann aus. Das stärkt dein Selbstvertrauen und zeigt dir, dass du in der Lage bist, etwas zu Ende zu bringen, auch wenn es nicht perfekt ist.

- **Konzentriere dich auf den Prozess, nicht auf das Ergebnis**

Das ist besonders wichtig, wenn es darum geht, dein Traumleben zu verwirklichen. Es ist leicht, sich darin zu verfangen, dass alles perfekt sein soll, aber es ist wichtig, sich daran zu erinnern, dass der Weg genauso wichtig ist wie das Ziel. Genieße den Prozess und vertraue darauf, dass am Ende alles klappen wird.

- **Sei bereit, Fehler zu machen**

Denke daran, dass du ein Mensch bist und dass es zum Prozess gehört, Fehler zu machen. Mach dir keine Vorwürfe und lerne aus ihnen, damit du in Zukunft nicht mehr dieselben Fehler machst.

• Habe Vertrauen in den Prozess

Das Gesetz der Anziehung ist ein mächtiges Werkzeug, aber es funktioniert nur, wenn du an es glaubst. Glaube daran, dass die Dinge funktionieren werden und vertraue darauf, dass das Universum hinter dir steht.

Im Gegensatz zu den anderen Techniken, die wir in diesem Buch erkundet haben, ist diese Technik nicht zur täglichen Anwendung gedacht. Du musst sie nur im passenden Moment anwenden. Wenn du diese Tipps im Hinterkopf behältst und versuchst, sie in deinem Leben umzusetzen, wirst du feststellen, dass es viel einfacher ist, das Gesetz der Anziehung anzuwenden, als wenn du im Perfektionismus feststeckst. Versuche, deine perfektionistischen Tendenzen loszulassen und dich auf das zu konzentrieren, was du willst. Je flexibler du bist, desto leichter wird es dir fallen, dem Prozess zu vertrauen und den Perfektionismus loszulassen.

Je mehr du die Ergebnisse siehst, desto mehr wirst du an die Kraft des Gesetzes der Anziehung glauben!

Fazit

Und damit kommen wir zum Ende dieses Buches und zum Beginn des nächsten Kapitels deiner Reise. In diesem Buch haben wir alles behandelt, was du wissen musst, wenn es darum geht, das Gesetz der Anziehung zu nutzen, um Reichtum, Erfolg und Fülle in deinem Leben zu manifestieren und anzuziehen.

Ich hoffe, du hattest genauso viel Spaß beim Lesen wie ich beim Schreiben und vor allem hoffe ich, dass du dich mit dem Wissen und den Werkzeugen ausgestattet fühlst, die du brauchst, um dein Leben mithilfe der universellen Kraft des Gesetzes der Anziehung zum Besseren zu verändern.

Denke daran, dass das Gesetz der Anziehung immer in deinem Leben wirkt, ob du es merkst oder nicht. Je besser du auf deine Ziele ausgerichtet bist, desto leichter werden sie sich verwirklichen lassen. Also visualisiere weiter, bleibe positiv, ergreife inspirierende Handlungsschritte und beobachte, wie sich dein Leben vor deinen Augen verändert!

Für den Moment ist das alles von mir. Ich werde diese Techniken weiterhin in meinem eigenen Leben anwenden, um meine Ziele und Träume zu verwirklichen und mehr Bücher und ein Leben zu manifestieren, in dem ich gerne aufwache. Um dich auf dieser Reise zu unterstützen, würde ich mich über dein Feedback freuen.

Wo auch immer du dir ein Exemplar dieses Buches besorgt hast, hinterlasse mir eine Rezension, in der du mir mitteilst, was du über die Anwendung des Gesetzes der Anziehung denkst und fühlst.

Du kannst mich auch über die sozialen Medien kontaktieren, denn ich freue mich immer, von meinen Lesern zu hören! Vielen Dank, dass du hier bist, und ich hoffe, dieses Buch hat dir genauso viel geholfen wie mir.

Viel Glück auf deiner Manifestationsreise, und wir sehen uns im nächsten Buch!

Danksagung

"Glück entsteht, wenn man Gutes tut und anderen hilft."

- Platon

Diejenigen, die anderen helfen, ohne eine Gegenleistung zu erwarten, erfahren mehr Erfüllung, haben mehr Erfolg und leben länger.

Ich möchte dir bei diesem Leseerlebnis die Möglichkeit geben, das zu tun. Dazu habe ich eine ganz einfache Frage... Wenn es dich kein Geld kosten würde, würdest du dann jemandem helfen, den du noch nie getroffen hast, auch wenn du dafür keine Anerkennung bekommst? Wenn ja, dann bitte ich dich um einen Gefallen für jemanden, den du nicht kennst und wahrscheinlich auch nie kennenlernen wirst. Sie sind genau wie du und ich, oder vielleicht wie du vor ein paar Jahren... Weniger erfahren, erfüllt von dem Wunsch, der Welt zu helfen, auf der Suche nach guten Informationen, aber nicht sicher, wo sie suchen sollen... hier kannst du helfen. Wir von Dreamlifepress können unsere Mission, Menschen auf ihrem spirituellen Weg zu helfen, nur erfüllen, wenn wir sie zuerst erreichen. Und die meisten Menschen beurteilen ein Buch nach seinen Rezensionen. Wenn du also dieses Buch hilfreich gefunden hast, nimm dir bitte einen kurzen Moment Zeit, um eine ehrliche Rezension zu hinterlassen. Es kostet dich nichts und weniger als 60 Sekunden. Deine Bewertung wird einem Fremden helfen, dieses Buch zu finden und davon zu profitieren.

Ein weiterer Mensch findet Frieden und Glück... ein weiterer Mensch findet vielleicht seine Leidenschaft im Leben... ein weiterer Mensch erlebt eine Veränderung, die sonst nie stattgefunden hätte... Um das wahr werden zu lassen, musst du nur eine Bewertung hinterlassen. Wenn du auf Audible bist, klicke auf die drei Punkte oben rechts auf deinem Bildschirm, bewerte und rezensiere. Wenn du auf einem E-Reader oder Kindle liest, scrollst du einfach zum Ende des Buches und wischst dann nach oben, um eine Rezension zu schreiben. Wenn das nicht funktioniert, kannst du die Buchseite auf Amazon oder in dem Geschäft, in dem du das Buch gekauft hast, aufrufen und dort eine Bewertung abgeben.

PS - Wenn du dich gut dabei fühlst, einer unbekannten Person zu helfen, bist du mein Typ Mensch. Ich freue mich darauf, dich auf deinem spirituellen Weg weiter zu unterstützen.

PPS - Ein kleiner Life Hack - wenn du jemandem etwas Wertvolles vorstellst, assoziiert er diesen Wert natürlich mit dir. Wenn du denkst, dass dieses Buch für jemanden, den du kennst, von Nutzen sein kann, schicke ihm dieses Buch und entwickle einen guten Willen. Ich danke dir von ganzem Herzen.

Dein größter Fan – **Layla**